Colección:

MIS CUADERNOS DE PRÁCTICAS

Teje-Má

Libro 1

EL PLAN MAESTRO

Susi Calvo

EL PLAN MAESTRO

Número de Control de la Biblioteca del Congreso de EE. UU.:   2012903262
ISBN: Tapa Blanda   978-1-4633-1737-9
                         Libro Electrónico   978-1-4633-1738-6

Este libro fue impreso en España.

Para pedidos de copias adicionales de este libro, por favor contactenos en:
Palibrio
1663 Liberty Drive
Suite 200
Bloomington, IN 47403
Llamadas desde España 900.866.949
Llamadas desde los EE.UU. 877.407.5847
Llamadas internacionales +1.812.671.9757
Fax: +1.812.355.1576
ventas@palibrio.com
398278

INDICE

PRIMERA PARTE
"EN EL UNIVERSO"

SEGUNDA PARTE
"MI CONEXIÓN CON LA TIERRA"

TERCERA PARTE
"TIEMPO ACTUAL"

DEDICATORIA

Este libro está dedicado al Creador de este universo, gracias al cual podemos efectuar nuestras prácticas aquí.

Está dedicado a todos los elohims, a todos los seres creadores que pueblan este planeta.
Espero que se diviertan con mis ocurrencias y que despierten sus recuerdos para que se los puedan llevar cuando nos vayamos de este maravilloso universo.
Y, sobre todo, para que nos sirvan para hacer el nuestro propio, algún día.

Está dedicado a los humanos ascendentes….Para que las enseñanzas que de él reciban les ayuden en la "Ascensión".
Aquí hemos venido un montón de entidades para ayudarles en ese tránsito, que no duden en agarrar la mano que les ofrecemos.

Está dedicado a Trixi y Taaron…. Mis dos colegas elohímicos más cercanos. Bueno… quiero decir a los maravillosos: Rafa y Fabri.
A la mujer y los niños de Rafa: Ananda, Cristian, Sofía, Nauk.

También a la familia humana que me queda…
El Javi, la Pepi, el Albert, la Montse.
Mis tíos y primos.
También: La Silvia. La Maribel. Los Dóniga.

Al Rafa, Samuel, Aníbal, y Aura, y todos los De Horna además de los niños que tengan.

A toda la panda que me rodea en este tiempo…

Maravillosos y geniales colegas, de los que tanto aprendo: Mireia, María, Josep, Titania, Varen, Reyes, Javi, Lore, M. Antonia, Antea, Chema, Pingo, Niam, La Mari, Emilia, Alba, Chon, Jaime Seg., Pablo, Isabel, Pascual, Fernando Parr., Clara Yaneth, Aralanda, Roberto S., María José, Miyo, Sarabjit, Claudia R., Kartar, M. Carmen G., Erbandé, Conxi Vila., Goran, La Mercé, Silvina, Silvia M., Alana, Ana Blesa, Danijela, Eli Alfaro, Maribel Parrilla, Karim y muchos más…

Y a todos sus hijitos.
Judit, Axail.la, Raquel, Yava, Amara, Diego, Daniel, Andrés, Ulises, Ákkara, Valeria, Constanza, Ana, Isabel…
Y tantos y tantos niños que me he ido encontrando…

A Titania…. Que está haciendo una gran labor con mí "cuerpo-base", acompañándole en sus viajes.

Lo dedico también a todos los que lo leen… jajajajaja…

y espero que se lo pasen muy muy bien…. Jajajajaja…

o sea que …..

Te lo dedico a ti… con todo mi cariño….

¡Disfrútalo!!!

Teje-Ma. Ávila 20-01-2012

AGRADECIMIENTOS

A quien tengo más que agradecer es a Sarabjit.

Ella ha sido la impulsora de esta obra. Si no me hubiera propuesto editarla, no la hubiera terminado y estaría en un cajón desde hace un año.

También agradezco a todos los que la han leído y me han dicho lo que les ha gustado… ¡Qué bien!!!… Eso me ha animado mucho a seguir escribiendo esta colección…

Susi

PRÓLOGO

Susi nos saca a pasear por la galaxia a través de la mirada entusiasta e inocente de un Elohim recién graduado. El viaje comienza sin servofreno y con la sonrisa en los labios. Una magnífica excursión estelar por el espacio sin límites. Un rápido peregrinaje que abarca desde la más elevada conciencia Elohim, al duro aterrizaje de nuestro culo golpeando la Tierra. El prota TejeManeje, ligero y lleno de humor como su autora, se hace de querer mientras atraviesa las fronteras entre los diferentes mundos, mientras va habitando una serie de envolturas progresivamente más densas. El relato se centra en las diferentes etapas y dimensiones por las que tiene que descender, como si se tratara de una escala para bajar a la profundidad del pozo de la Matrix en el que vivimos. Y así continúa sin descanso, hasta que esa conciencia llega a controlar un cuerpo humano, como el tuyo y como el mío, y consigue manejarlo con maestría. El libro trata de la memoria genética. Tienes que recordar tu paso por el multiuniverso y dejar de creer que eres arcilla intentando elevarse del fango. Venimos del corazón del Gran Espíritu y hemos descendido a la materia-vida. Esta es la historia novelada que vivimos cada uno de nosotros (seres descendentes en su mayor parte), cuando llegamos por primera vez al planeta. El camino interno que nos obligó a densificar más nuestros vehículos (pasando por el avión, la fuera borda, el coche, la bici, hasta este triciclo cuya imagen contemplamos al otro lado del espejo), y todo ello para conquistar el derecho a pisar conscientemente el manto verde de la diosa.

Muchas historias, variados potenciales, diferentes dones... Los Elohim hacen su camino desde Orvontón a Nebadón, pasando por oficios muy variados y aprendiendo a manejar sus sentidos externos y a interrelacionarse con los cuatro elementos. Galaxias, estrellas, planetas... Comienzan a manejar el adn y siguen con sus contactos en dimensiones más elevadas, hasta el momento en que el planeta es puesto en cuarentena por la rebelión de Lucifer. Ahora nuestro Elohim (hasta el momento habitando un cuerpo sutil de cuarta dimensión) se ve obligado a encarnar en un vientre humano, y a seguir haciéndolo hasta que logre salir de la ilusión del Samsara (Matrix). TejeMa se une a su chispa divina Taarón y juntos van recorriendo la rueda de las encarnaciones, evolucionando con los juegos del sentimiento y la voluntad, de lo femenino amoroso y el poder de lo masculino. Y finalmente Susi encarna en su propio cuerpo, en esta época, y escribe esta historia que tenemos entre manos. Ya no hay poderes disponibles, todo lo sutil falla, y hay que esforzarse mucho para ayudar a otros a avanzar por el camino interno.

Poco a poco la cuarentena se ablanda, especialmente en este último cuarto de siglo (87-2012) y encarnan seres de elevadas dimensiones para ayudar con la ascensión individual y planetaria. Y se hace posible reencarnarse en sí mismo, hacer descender el Ser divino que somos a este cuerpo, hasta que el Espíritu ilumine cada célula, hasta que "el Sol que mora en las tinieblas", de los antiguos rishis védicos, se ilumine y este cuerpo sea capaz de ser un vehículo perfecto para el Elohim que Yo Soy. Para ello necesitamos un cuerpo resistente, consciente, sin sombras ocultas, con un ego al servicio del Ser y con un Sol resplandeciente en el corazón.

Y es en la última etapa, que relata la historia personal de Susi, después de su primer despertar en el 87, y en el 90, cuando la conozco. En el 92 creo, mientras celebro el "Despertar del corazón de Hispania", con miles de personas en la catedral de Santiago de Compostela. Después de una larga peregrinación con los ancianos mexicas. Ella participa en el Consejo de Visiones de Segovia en el año 93 (el último acto público de la Nanita en España, ya que voló hacia la libertad del viento en Marzo del 94) y, junto con Arael, establecemos una hermanad que no se ha roto desde entonces.

Es para mí un gran honor presentaros esta colección de libros (bien claro que esto no se detiene aquí) y estoy seguro de que os harán recapacitar sobre el largo camino de descenso que recorrimos hasta llegar a habitar este cuerpo de la Diosa. Las diferentes etapas en que fuimos creando todos los reinos de la madre Tonantzin, antes de ensayar los cambios genéticos con ese mono arborícola que fue el neardhental, guardián en su sangre de la biblioteca genética de muchas razas galácticas de luz. EL 2012 será pronto historia, pero dejará la huella de los corazones abiertos, de los niños luminosos que encarnarán, del cambio genético y cerebral a través de las tormentas electromagnéticas solares, y de la conciencia multidimensdional que nos permitirá recordar historias como la que os presento.

¡Buen camino a cada uno de vosotros!

Miyo

"DESDE LAS ESFERAS"

Hola, me llamo Tejemaneje, pero me puedes llamar Teje-Ma.

Soy un elohim, o sea... un Ser Creador, que se dedica a crear cosas... Y a darles vida.
También nos llaman "ingenieros cósmicos".

Vivo en una **esfera** del **"Circulo Interno"**.

Soy un Ser compuesto de Luz y una fina capa parecida a la piel, (para poder tener una forma).

Tú no me puedes ver porque tus ojos no captan mi Frecuencia Vibratoria.

Mis compañeros y yo, podemos entrar el uno dentro del otro, atravesarnos y jugar así.

Nuestro mundo es distinto del tuyo, pero jugaré con las similitudes para que me entiendas.
Aquí estoy con mis compañeros, practicando.
Estoy creando un planeta con anillos a su alrededor, ¿lo ves?

15

Sí, soy el del centro.

Muy pronto iremos a los mundos habitados por las creaciones y formaremos parte de ellas, para vivir la experiencia de ser una **creación de un elohim**.

Dicen los profesores que, para saber crear "en perfección" hay que ser y vivir como ellos, muchas, muchas, vidas.

Experimentar todo lo que podamos y tomar conciencia de ello, registrarlo en nuestra memoria.

Por eso te voy a contar mi historia,,, como si escribiera un diario de prácticas,… jajajajajaja

Ven conmigo a otros mundos… ven… acompáñame en este viaje….

Te mostrare como son las cosas vistas desde mis ojos, los ojos de un elohim.

◇◇◇◇◇◇◇◇◇◇◇◇◇◇◇◇◇◇◇◇

PRIMERA PARTE
"EN EL UNIVERSO"

En esta parte, te voy a contar lo que me ha pasado desde
que salí de casa, hasta que he llegado a tu planeta y convivo
con los humanos.

CAPITULO 1

"EL DESCENSO"

HAVONA. Universo central.
◇(Para ampliación de estos conceptos ver: "El Libro de Urantia", donde habla de los universos y demás temas parecidos.)

Estoy muy emocionado, porque ya hemos terminado las clases teóricas, y hoy nos van a asignar el lugar donde haremos las prácticas…

Aquí tengo a mi lado a Taaron, mi compañero del alma. Es más jovencito que yo, pero está aprendiendo muy rápido.

Ya entra el profe…. Vamos a ver que se cuenta…

> Te pondré las frases del profe con la letra inclinada, y un punto y guión delante. Y también te pondré punto y guión en las frases que digamos nosotros, pero la letra sin inclinar y así las distinguirás de mis reflexiones, que no llevaran nada delante, ¿te aclaras? Jajajajajajaja Bueno… ahí va…

.- *Hoy es vuestro último día de clase.*

Mis compañeros revolotean en sus asientos, están nerviosos, ya tienen ganas de terminar las clases teóricas.

El instructor también esta muy contento de que al fin termine su tarea con nosotros.

.- Mañana, os asignaran el universo a donde tendréis que ir a efectuar las prácticas de lo que habéis aprendido aquí.
Os encontraréis con vuestras almas afines, y todos juntos descenderéis a lugares donde habrá una mayor densidad energética.
Necesitaréis otros cuerpos, otros vehículos, que serán los adecuados a cada dimensión. ¿Lo habéis entendido?

- Sisisiii…

Estamos tan emocionados con este viaje de prácticas, que no atendemos al instructor.

Comparándolo con tu planeta seria que, después de los nueve meses de asistir a clase, ahora nos vamos de campamentos, a practicar todo lo que hemos aprendido aquí, pero en plan "supervivencia". ¿A que también te gusta ir de campamentos? ¡Claro!

.- ¡Teje-Ma!!!…. ¡Teje-Ma!!!

.- ¿Que quieres Taaron?

.- ¿A que universo crees que nos van a llevar?

.- No se, pero seguro que nos lo pasaremos muy bien.

.- ¡Ya tengo ganas de salir!

A la mañana siguiente:

.- Mis queridos pequeños elohims, -dice el director de este centro de estudios- ¿estáis preparados para iniciar el viaje?

Estamos salta que salta, impacientes.

.- Primero os vamos a dividir en grupos, porque sois muchos. Vamos a formar "Equipos de Prácticas". Los de cada equipo iréis todos juntos a un mismo lugar, allí os separaréis y practicaréis individualmente.
Eso será en diferentes lugares de un mismo universo.
Cuando se haya cumplido la tarea de prácticas asignada, el equipo se reunirá para preparar el regreso.
¿Lo entendéis?

Aquí os muestro a mis compañeros del "equipo de prácticas"…
¿A ver si sabéis cual soy yo?… jajajajaja

¡A que nos parecemos un poco!!

Sigue contando el profe:

.- En todo momento estaréis apoyados y guiados por especialistas. Algunas veces les podréis ver y podréis hablar con estos guías y en otras ocasiones serán invisibles, para que os sintáis con la libertad de actuar a vuestra manera.

El director presenta a los guías que nos van a llevar a los respectivos universos y estos van convocando a sus grupos.

Estamos muy atentos para conocer al nuestro. Cuando ya sabemos quien es, vamos hacia él y nos apelotonamos, junto con toda la cantidad de chispas que viajaran con nosotros, "el equipo", al que han asignado el número 51.

Nos abrazamos, entramos uno dentro del otro, nos atravesamos....
¡Se palpa la emoción!

Descenso al Superuniverso.

En el equipo 51 empezamos a recibir las consignas para descender al siguiente nivel.

Viene otro guía, -hay uno para cada paso que damos-.
Cada vez que cambiamos de frecuencia también cambiamos de guía.
Ellos nos llevan de un lado a otro. Son los que tienen el permiso y la frecuencia para entrar en estos lugares. Nosotros no podemos ir solos. Una, porque no sabríamos donde ir y otra, porque a lo mejor nos perdemos o nos metemos donde no toca.

.- *Hola, soy vuestro guía, mi misión es llevaros a* **UVERSA***, capital del 7º Superuniverso, llamado* **Orvonton***.*

.- *Cada vez que descendáis a un nivel inferior al anterior, tendréis que confeccionaros una funda, un cuerpo adecuado a ese nivel. El que todos estén usando en ese lugar para relacionarse con los seres de allá.*
¿Esta claro?

.- Sisisisisi.

.- Porque vuestra forma elohímica es tan sutil, tan transparente, que si os mostrarais con ella en otro lugar, nadie os podría ver y por tanto no os podríais relacionar, ni intercambiar expresiones o ideas.
¿Comprendéis?

Que pesado,,, esta repitiendo lo mismo una y otra vez, como si no supiéramos de que va.
Mira, lo que nos enseña ahora,… te lo voy a comparar con algo que conoces en tu planeta, para que lo entiendas.
¿Recuerdas estas muñecas que se abren y aparece otra muñeca más pequeña dentro? Creo que ahí les llamáis las "Matriuskas". Las hay de muchas formas. Algunas tienen una mujer fuera y dentro un hombre, por ejemplo.
Te pongo unas imágenes…

Un traje va dentro de otro. Yo voy a ser el chiquitín, el que los tiene todos fuera. Pero también seré el más "poderoso". Jaajajajajaja.. El que los dirige a todos desde dentro.

Bueno, a ver que más nos cuenta este guía.

.- Bien, ahora empiezan vuestras primeras prácticas.
Os invito a que confeccionéis el traje para entrar en el Superuniverso.
¡Adelante!.. veamos qué habéis aprendido.

Nos enseña unos modelos de cuerpo para ese lugar. Invoco a la energía sutil, la recojo con las manitas y la agrupo densificándola y conectándola con la frecuencia dimensional del lugar a donde vamos a descender. Y así poco a poco, con el poder de mi pensamiento, y con mis manos, se va conformando un vehículo, un cuerpo, una funda, un traje (como lo quieras llamar) parecido al de la muestra.

Como cuando los buzos se ponen el traje negro para ir a las profundidades marinas.
Ellos se mueven muy bien dentro del traje. Aunque es un poco asfixiante... ¿verdad?
Y no sirve cuando están fuera del agua.

Nosotros tenemos dos posibilidades al confeccionar el traje, una es hacerlo fuera y luego calzárnoslo y otra es confeccionarlo encima del nuestro, como un pegote... jajajajaja.

Taaron me observa y copia mis acciones.

.- *¿Ya tenéis vuestros vehículos?*

.- Sisisisisi

.- *Bien, pues colocaros dentro, que ya nos vamos.*

Nos colocamos en el interior de los trajecitos y seguimos al guía.

.- *Ahora os vais a juntar 144.000 y así formareis una sola entidad, lo que llamamos **una mónada**. De esta manera será mucho más fácil circular por los éteres.*

Así lo hacemos y ya no parecemos tantos.

Para que lo entiendas, sería como juntarnos un grupo de células y hacer un brazo de un cuerpo. Somos muchas células, pero formamos un solo brazo.

¿Verdad que lo entiendes?

Y cuando se mueve el brazo nos movemos todos.... Jajajaja... ¡es muy divertido!

¡Como en una montaña rusa!..jajajajaja...

¡Como si hiciéramos la ola!

El viaje es corto. Tenemos la sensación de subirnos a una nube y sentir el viento en la cara mientras vamos descendiendo de nivel energético....

.- Ya estamos llegando al Superuniverso. ¿Preparados para entrar en su capital?

Nos detenemos ante una de las puertas de entrada al lugar.

.- Bien, ahora os tenéis que portar muy bien, estar muy calladitos y ser buenos, porque vamos a presentarnos ante los "jefes de prácticas", aunque primero tenemos que pedir permiso para entrar.

El guía se aparta un momento del grupo y se dirige a unos seres que controlan la entrada y salida de entidades del Superuniverso.

Es como una **aduana**.

Aquí revisan quien entra o sale y a donde va. Lo tienen todo muy controlado.

Siempre hay que pedir permiso cuando se llega a un sitio nuevo.

Una vez concedido el permiso de entrada, el guía regresa al equipo con una entidad-guía del lugar que nos va a acompañar ante la Jerarquía correspondiente.

La entidad-guía se presenta y luego vamos con él caminando, mientras nos comenta:

.- *Ya sabéis que a donde lleguéis vuestra energía incidirá, no vais a poder pasar desapercibidos porque venís de estratos superiores de conciencia y por tanto tenéis mayor poder, sabiduría, amor y otras cualidades energéticas, que cualquiera de los seres que habite el lugar de prácticas que se os asigne. Así que tenéis que ser cautos y humildes.*
Intentar aprender, más que mostrar vuestras habilidades.

Y ya al fin llegamos ante la entidad que representa a la Jerarquía de prácticas.

.- *Bienvenidos, mi misión es asignaros un lugar de prácticas que os resulte interesante.*
Os hemos buscado una zona que presenta situaciones en las que podréis practicar lo que habéis aprendido en las Esferas del Universo Central, donde habitáis.
Os dirigiréis a la estrella Sirio, perteneciente al universo de Nebadon.
En ese lugar os darán las instrucciones adecuadas y os explicaran la situación.

.- *Pero ahora os vamos a llevar a dar una vuelta por este lugar, para aprender algunas cosas.*

.- Oye… Teje-Ma.

.- Dime Taaron.

.- ¿Tu qué sabes del universo de Nebadón?

.- A ver, a ver… déjame recordar…
Sé que es un universo reciente.

Que su creador se llama Mikael de Nebadon.

.- Oye… Teje-Ma… y… ¿Cuándo estemos en el universo y tomemos los cuerpos de allá nos "**nublaran la conciencia**"?

.- Pues depende de donde estemos y lo que tengamos que hacer. Pero recuerda que es por nuestro bien. De esta manera no estaremos pensando en otra cosa mas que en aprender o simplemente…. en… ¡SOBREVIVIR!! … ¡Que ya es mucho!!.. Jajajaja…

.- ¿Y cómo nos encontraremos?.. ¿Nos reconoceremos de alguna manera?

.- Tranquilo, tranquilo,…
Una cosa que vamos a sentir es la sensación de estar ante alguien muy conocido, y es por la energía profunda que emitimos que se nota a través del fuego de la mirada. Cuando nos miremos vamos a decir:… "tu me suenas… aunque no se de qué"… jajajaja

.- Pero… estaremos cerca… ¿No?

.- Si, ¡claro que sí! Recuerda lo que nos han dicho, los que componen la mónada siempre van todos juntos.
Así que, tú y yo no nos vamos a separar. Estaremos muy juntitos.

El guía se dirige al grupo…

.- *¿Qué tal la visita?… ¿Habéis aprendido mucho?*
¿Alguien sabe hablarme de Sirio?

.- Si, yo, Trixi.

Pues… Sirio es uno de los centros espirituales de una zona del universo de Nebadon.

Tiene a su cargo 28 Grandes Sistemas, administrativamente hablando.

Me imagino que allí vamos porque es un gran centro de estudios.

Es un lugar base, una enorme universidad, donde se reúnen seres de alto nivel para enseñarnos y también para tutelarnos cuando vamos a los Sistemas a practicar.

.- Como ahí residen seres muy sabios, también es un lugar a donde van a pedir consejo los seres de otros lugares de ese universo.

.- *Muy bien, ya sabemos un poco mas del lugar a donde vamos ahora, ¿de acuerdo?*

.- Sisisisisi….

.- *Bien, tomad materia mas densa que la actual, dadle la frecuencia de la estrella Sirio y confeccionaros vuestros vehículos. ¿Estáis listos?*

Así que nos ponemos a la tarea de confeccionar el traje de Sirio.

.- Oye Taaron, le voy a poner nombre a mi vehículo siriano.

.- ¿Ah sí?.. ¿Y como le vas a llamar?

.- Danae… y tu… ¿le vas a poner nombre al tuyo?..

.- Pues… si… a ver… yo le pondré Vondeas.

Al lado se oye la voz de otros elohims...

.- Pues yo le pondré... Deamska...

.- Y yo... Ainde...

.- Pues yo Varen.

.- Pues a mi me gusta... Dekan-Seina,... comenta una vocecita muy agradable.

Todos nos reímos de nuestras ocurrencias... varios mas van bautizando a sus vehículos.

CAPITULO 2

"ADANES Y EVAS"

<u>En un planeta de esta galaxia:</u>

.- Taaron ven un momento.

.- ¿Que pasa Teje-Ma?

.- Mira, ya vuelvo a estar embarazada.

.- Uyyy… ¡La que nos va a caer encima!. Y mira que nos lo han dicho muchísimas veces!!!

.- Eso nos pasa porque nos queremos y nos gusta hacer el amor, lo disfrutamos mucho. Es algo muy especial porque nos conecta con nuestra parte divina.

<u>Para ti, que me estas leyendo:</u>

Me imagino que no te estas enterando de nada, ¿verdad?

Te pongo al día.

Cuando nos llevaron a Sirio nos asignaron tareas.

A Taaron y a mi, nos han dado la tarea de ser lo que tu llamarías "Adán y Eva".

Se trata de ir a un planeta habitado por almas con formas primitivas, animalescas, ponernos una funda de sus formas y tener hijos.

Los que nazcan de nosotros, se mezclan con los indígenas y ya forman una generación más inteligente, con otra forma de pensar, con nuevas ideas y emociones.

Con ello les ayudamos a subir un escalón en su nivel evolutivo.

O sea que dan un salto evolutivo gracias a nosotros.

Pero, aquí donde estamos adoptamos dos formas, una que es la de los indígenas y otra en privado. (Son dos "fundas" diferentes).

Tenemos un lugar para nosotros, un recinto cerrado, privado, donde usamos unos cuerpos más cómodos y luminosos, para poder descansar, sentirnos mas libres y regenerarnos un poco.

En estos otros cuerpos no nos permiten tener relaciones que terminen en embarazos, pues desestabilizaría el planeta, (si estos hijos tomaran contacto con ellos).

Pero... ya ves... ¡estoy otra vez embarazada!

Ahora no se que va a pasar porque ya empiezan a ser varios los hijos que tenemos en este lugar privado.

Y se los ve con ganas de salir del recinto.

¡Sólo faltaría eso!

<u>Visita de los jefes de prácticas:</u>

Un poco serios.

.- *Expresamente os pedimos que no tuvierais relaciones fuera de la forma indígena.*
Y no lo habéis cumplido. Nos vamos a tener que llevar a las criaturas que no corresponden a este planeta.
Y veremos cuales serán las consecuencias, el karma.
¡Haced el favor de tener más cuidado!..

.- ¿Y que vais a hacer con ellos?

.- *Los llevaremos a las naves y los educaremos como pilotos. ¿Te parece bien?*

.- Sí, sí ¡Perfecto!

Se fueron, llevándose a los peques.

Buff… ¡Menos mal que no han sido muy severos!! ¡Veremos como será el karma!…

.- Mira Taaron, intentemos no ser tan cariñosos, sino tendremos un problema cada vez mayor, jajajajaja….

.- Pero, ¡hemos estado en otros planetas haciendo de Adán y Eva y no hemos tenido ningún problema!

.- Porque no teníamos dos posibilidades de embarazo. Solo teníamos la forma primitiva del planeta.
Ahora que nos dan mas posibilidades y comodidades,,, estamos fallando… Seguro que tenemos que aprender alguna lección.
La de seguir las reglas marcadas, ¡por lo menos!
Estamos hechos unos "rebeldillos". Jajajajajaja….

.- De todas maneras, creo que ya tenemos bastantes hijos en muchos planetas, puede que sea el momento de estar un poco separados... ¿No te parece?..

.- Sí, vamos a pedir que nos cambien de prácticas, en cuanto terminemos aquí.
A ver que tarea nos encomiendan...

.- Mmmmm ... no me gusta mucho la idea Teje-Ma....
Ya sabes que juntitos se está mejor... eh???... jajajajaja....
¿Vamos para adentro?..

.- Es que no paras Taaron.... Jajajaja.... ¡Vamos, vamos....!!!
jajajajaja

CAPITULO 3

"DANAE"

En mi nave siriana:

Bueno... aquí me tienes en solitario, practicando.

En mi funda que se llama Danae.
Te cuento como es, según tus parámetros.
Tu verías: Una figura masculina: alto, musculoso, elegante, muy agradable de ver, serio, lleva un traje tipo comandante de naves.
Cabello rubio, peinado tipo "príncipe".
Ojos muy luminosos, rasgados.
De unos 25-30 años.

Me muevo en la 12ª dimensión.
El tema de las dimensiones también es difícil de entender...
Ya aprendiste la lección de que "nada está quieto, todo vibra",... pues puede vibrar o moverse, más rápido o más despacio.
Cuanto más rápido se mueve, mas le cuesta al ojo humano ver el objeto.

Como las hélices de un avión. Cuando se mueven rápido, tu sabes que están allá, porque las viste cuando estaban quietas, pero así rapidito, ya no las ves.
Así se mueven todas mis células muy muy rapidito, con gran velocidad, y por tanto tú no me podrías ver.

La velocidad o rapidez del movimiento tiene que ver con la elevación espiritual, cuanto más elevada es una entidad, su vibración es mayor.

Y eso también tiene que ver con los mundos donde habites... hay mundos donde se requieren cuerpos de vibración mas elevada y en otros más lenta, que serán más densos.
Se relacionan los lentos, o densos, con ser "mas primitivos".

Ahora estoy planeando crear un planeta.

Le voy a poner toda clase de animales, plantas, personas y otras cosas.

Yo confecciono el diseño y luego busco un equipo de expertos que lo hagan realidad.
Lo materialicen.
Ellos confeccionaran los elementos, según el diseño que yo estoy planeando.

Le he pedido a Miká, **el creador de este universo**, que sea mi tutor en esta creación. Estoy esperando su respuesta, para mi seria un gran honor.

Entran en la sala unos seres de pequeña estatura, piel azulada, y muy parecidos a los elohims, pero de la dimensión siriana. Son mis ayudantes.

.- ¡Danae!!… ¡Danae!!

.- ¿Qué pasa?

.- El Creador te llama. Pide que vayas a la "sala de comunicación".

Me dirijo al lugar y entro con un gran respeto.

.- Amado Creador.

.- *Querido Danae.*
He recibido tu petición de ser tutelado por Mí.
Te agradezco la deferencia.
Y… vamos a empezar.

.- *En primer lugar, te dirigirás al Consejo de Ancianos de Sirio, donde te asignaran un nuevo cometido.*
Quiero que practiques en distintos lugares lo que llamamos el "plan de evacuación", es decir, cuando un planeta habitado tiene algún tipo de problema, hay que rescatar a la población, de esto se ocupan un grupo de entidades, quiero que formes parte de estos equipos. Seguro que aprenderás mucho.

.- Muchas gracias. Amado Creador.

Me despido con mucho respeto y una gran sensación de alegría, y a la vez pienso en la responsabilidad de esta tarea.

Tengo muchas cosquillas en mi barriga (si tuviera barriga, claro).

CAPITULO 4

"PLANES DE EVACUACIÓN"

Aun estoy en mi cuerpo de Danae, pero ahora en la nave "Estrella", que pertenece a la **"Confederación Intergaláctica"**, formada por líderes de un grupo de 33 mundos que tienen objetivos comunes.

Es una **nave nodriza**.

Es muy grande, como un pequeño planeta.
Viven muchos seres aquí, con diferentes formas, tamaños, dimensiones,...

Nos encargamos de la protección de estos 33 mundos.
Los protegemos de catástrofes, de ataques de enemigos y otras cosas.
Y también colaboramos con las Jerarquías en lo que nos pidan, y esté en nuestra mano, respecto a la evolución de los planetas.

En el tema de los planes de evacuación, formamos equipos de trabajo. Mi tarea aquí es el **rescate**. Cuando ocurre una catástrofe y vemos que la humanidad del planeta no va a sobrevivir en su totalidad, los recogemos y los llevamos a salvo.

Al menos en cantidad suficiente para la repoblación.

Hay grupos que toman un cuerpo en el lugar y se encargan de avisar a la población para que se preparen. Mi equipo solo se encarga de la planificación. Pero, en algún momento me gustaría formar parte de los que toman el cuerpo allá. Es mucho más arriesgado y conflictivo. Pero… Seguro que muy interesante.

En ese caso, tienes que habitar desde el principio en que se forma el planeta para ir dejando las huellas de los lugares que estarán a salvo. Si los hay.
- Marcarlos de alguna manera -.

Para la próxima, me gustaría vivir esa aventura. ¡Tiene que ser súper-emocionante…!

Hoy estoy contento porque me han recibido en Sirio muy bien, dado que terminamos con éxito el cuarto Plan de Evacuación.

Ya he pasado por 4 planetas y hemos conseguido salvar a mucha gente.

En el primer planeta, una **lluvia de meteoritos** lo fulminaba todo.
Como nosotros podemos ver lo que va a ocurrir, planeamos un nuevo lugar para los habitantes y antes de que llegara la lluvia de meteoritos, ya estaban en otro planeta que habíamos preparado anteriormente.
Los fuimos trasladando poco a poco, con tiempo.

Ellos colaboraron bastante, aunque les costaba creer lo que iba a pasar.

En el segundo fue **el agua** lo que provoco la catástrofe.
Todo se inundó, los habitantes se quedaron sin casa ni cultivos y el lugar se tornó inhóspito.

Aquí lo que hicimos fue llevar a las personas a nuestras naves y allí las mantuvimos un tiempo mientras las aguas descendían y el planeta volvía a ser habitable.
Esta gente era mas desconfiada y hasta que no tuvieron el agua al cuello, no nos creyeron.
De esta manera es más difícil rescatarles.

El tercero era un planeta con habitantes muy primitivos.
La tierra estaba formada por islas.
Los volcanes explotaron.
Tuvimos que dormir a los indígenas, mediante la emisión de ondas, desde las naves y llevarlos a otro planeta.
Las islas se hundieron y no quedaba alimento para ellos.
Todos hubieran muerto quemados por la lluvia ácida y luego, si quedaba alguno, moriría de hambre.
Suerte que eran pocos y no nos dieron mucha tarea.
Ahora ya están contentos y felices en un nuevo lugar, lleno de comida que pueden disfrutar.
Y no se han enterado mucho de lo que ocurrió.

Para el cuarto tuvimos que habilitar cuevas y otros espacios intra-terrenos porque **el aire se tornó irrespirable** en la superficie, creando enfermedades y mutaciones.
Nos llevo un tiempo habilitarlo todo, pero conseguimos salvar a muchísima gente.
Se han quedado en estas cuevas porque están muy bien allá, tienen de todo y el aire de la superficie tardará bastante tiempo en volver a ser respirable.

Bueno… ya estoy listo para el siguiente.

Me froto las manos pensando en que lo estoy haciendo bien y mi jefe de prácticas esta contento conmigo.

Esto me alegra mucho.. ¿A quién no?

SEGUNDA PARTE

"MI CONEXIÓN CON LA TIERRA"

Ya me han llamado para el **quinto plan de evacuación**.
Va a ser en tu planeta.
Y esta vez voy a tomar un cuerpo humano….

¡A lo mejor me toca rescatarte!…

UYuyuyuy…. ¡Qué emocionante!

Antes de contarte mi aventura en La Tierra, te cuento lo que ha pasado previamente, así te ayudará a comprender mejor lo que viene después.

CAPITULO 5

"LOS PLANETAS VECINOS"

La Tierra, tu planeta, en un principio era una masa que fue tomando forma, lo que hizo que surgieran montañas, valles, agua, vegetación,...etc....
Esto creo que ya lo tenías claro antes... jajajajaja...

Los planetas vecinos estaban habitados. Tanto Venus como Maldek.
Este último, al que también llamáis Malona se destruyó convirtiéndose en un cinturón de asteroides que hay entre Marte y Júpiter.

En Maldek la gente era muy parecida a como son actualmente en La Tierra.
Las características evolutivas son muy similares.
En ese planeta efectué varias vidas. Aprendí mucho.
La ambición y el ansia de poder hizo que las armas de tecnología avanzada, fueran usadas sin medida, y el planeta quedó destruido.

Los habitantes que se pudieron rescatar, pasaron a Venus.

De Maldek tengo varios recuerdos, pero el que me llama la atención es el de una vida que compartí con Taaron. Al que me he ido encontrando.

El era un militar y tenía unos planos secretos.

Yo era una espía del otro bando y… ¡su amante!

Tenia que robarle los planos. Metí la mano en la caja fuerte donde los guardaba y el había puesto una trampa.
Cayó una guillotina sobre mi muñeca y me corto la mano.
¡Menos mal que la tecnología médica era muy avanzada y me la pudieron reponer!
Pero siempre me ha quedado la impresión.
Aun miro mi mano izquierda de vez en cuando a ver si sigue ahí… jajajajaja…
La verdad es que es una sensación súper-desagradable y chocante.
¿Te lo imaginas?

En Venus pudimos evolucionar mucho.
Es el planeta del amor, como tu bien dices.
Eso lo aprendimos muy bien: El Amor en toda su extensión.

De Venus también te voy a compartir un recuerdo, de una vida con Taaron.

Mi cuerpo para ese lugar era de una chica alta, rubia, guapa, deportista.
Recuerdo muy bien mi pelo largo recogido en una cola de caballo, que se movía acompasado, cuando hacía deporte.

Acababa de entrar en la Academia Militar Aérea, donde te preparan para llevar las naves de combate. La tecnología era muy avanzada. Teníamos naves para ir al espacio. Aunque no muy lejos, aun.

Conocí al cuerpo de Taaron cuando yo corría por un campo de entrenamiento.
El también se confeccionó un cuerpo muy agradable.

Se había matriculado en la Academia, igual que yo. Pero no nos conocíamos de nada.

Mientras estaba corriendo, me fije en un grupo de chicos jóvenes y su sonrisa le hacía destacar entre todos. Bajo mi punto de vista, ¡claro!

En la Academia, yo sentía como me buscaba, procuraba sentarse a mi lado siempre que podía, pero no me hablaba.

En una fiesta, cuando ya estaba cansada de su timidez, fui yo a buscarle para bailar.
En cuanto nos abrazamos nos dimos cuenta de que algo pasaba.
Claro, que teníamos la "**conciencia nublada**" y no sabíamos que era lo que ocurría, pero… la energía de atracción hizo que no quisiéramos soltarnos ya en toda esa vida.

Al cabo de un tiempo, se formó un grupo de jóvenes con la misión de reconocer La Tierra.
Nos presentamos como voluntarios y vinimos a estudiar el lugar. Nosotros conducíamos las naves pequeñas. Y acompañamos a expertos biólogos y otros científicos.

Éramos como un pequeño ejército que conducía y protegía a los científicos.

Primero, fuimos solamente los exploradores, en parejas, y estuvimos en varias zonas del planeta y les llevamos un montón de datos a los expertos, que vieron la posibilidad de desplazarse ellos y traer la vida aquí.

Se organizó un gran laboratorio experimental en la zona que hoy se llama Jericó.
En las actuales tierras de Israel.
Empezamos a traer animales para experimentar en que forma se adaptarían al lugar.

La mayoría de este grupo de venusinos eran mis compañeros del "equipo de prácticas 51".
Una de las anécdotas es, que a Dekan-Seina le asignaron traer con mucha delicadeza huevos de distintas especies.

Y me río, porque recuerdo que mezclaba huevos de distintas especies en un mismo nido, y como unas eran depredadoras, al nacer, se comieron a las otras.
Tuvo que volver a empezar... pero aprendió una divertida lección. Aunque a los científicos no les hizo mucha gracia y se cargó un karma a sus espaldas... jajajajaja....
Y todo por hacer lo que a ella le pareció mejor, sin seguir las directrices de los científicos,.... jajajajaja... ¡Otra rebeldilla!!!

A una especie de monos, les transformaron sus códigos de ADN y evolucionaron muy rápidamente.
Enseguida se vio la diferencia entre ellos y los no-transformados.
Se convirtieron en "humanoides".

En estos laboratorios estuve un tiempo y aprendí a manejar el ADN.

Claro,,, porque debajo de la capa de piloto, estaba la de "ingeniero cósmico".

Y la energía te inclina hacia tus orígenes.

¡Yo me sentía en mi salsa!

Al cabo de un tiempo, al regresar de la exploración de la Tierra, Taaron, en su cuerpo venusino, y yo en el mío, tuvimos tres hijos.

Y también me marcó mucho ver su muerte. Un artefacto que explotó, le destrozó.

Tanto mis hijos como yo vivimos de cerca esta secuencia.

Estuve en shock durante mucho tiempo. Estos acontecimientos tan traumáticos, los recuerdas vidas y vidas.

Y mejor que nos nublen la conciencia, si no,… son tantos los traumas de tantas vidas,,, que ya nadie querría nacer otra vez. ¿Verdad?

<u>Sigo contándote sobre Venus:</u>

Como planeta, también evolucionó y pasó de una dimensión a la siguiente.

Nos manejábamos en la cuarta dimensión, para ti, seria un mundo muy sutil. Transparente.

Mas o menos como viven los fantasmas… jajajaja…

Atravesando las paredes y a las personas… jajajaja…

Pero Venus ya pasó a la quinta dimensión, un mundo mental, de fuego.

No todos los habitantes podían pasar porque no tenían suficiente evolución.

Así que los de niveles inferiores descendieron a la Tierra, a formar parte de ella, en su tercera dimensión.

Los que si pudieron pasar a la quinta se fueron a mundos superiores.

Es como cambiar de curso. Como ya no existe la escuela donde daban estos estudios… que es el planeta Venus… jajajaja… al ir a otra escuela, el planeta Tierra, te bajan de grado y tienes que subir desde mas abajo. Hay que hacer un mayor esfuerzo.

Pero, seguro que sabes un poco mas que los que están en ese momento en dicho curso.

¡Hasta les podrías ayudar y todo!

A Venus, se la deja descansar, por ahora. Ya sabes que todo es relativo, y el tiempo aun más.

También hubo seres elevados, que voluntariamente vinieron a la Tierra, para ayudar a las almas que están en este proceso.

Normalmente, cuando un planeta eleva su frecuencia vibratoria, las entidades que habitan deben cambiar también de frecuencia, sino, les es imposible permanecer allá.

La misma energía les expulsa.

A la Tierra le esta pasando lo mismo.

El planeta en sí, como entidad, también evoluciona y pasa a otra dimensión.

Los seres que están viviendo en ella, o pasan con ella, o se tienen que retirar a otros lugares donde estén a gusto.

CAPÍTULO 6

"EL PRINCIPIO DEL FIN"

Aunque las cosas ya han sucedido hace mucho tiempo, te voy a hablar **en presente**, porque me es más fácil recordarlas así.
De esta manera, lo vivirás como si tú también estuvieras en el momento en que suceden.

Ahora estoy en un cuerpo que se llama **Ebanne**, es femenino.
Taaron, esta en un cuerpo masculino que se llama **Van**.
Somos pareja.
Estamos en la Tierra, tu planeta.
Ya llevamos bastante tiempo aquí.

Cuando terminamos las vidas en Venus, fuimos a nuestros jefes de prácticas y nos mandaron a otros planetas a seguir evolucionando.
Algunos del equipo estuvimos en unos planetas pertenecientes a las Pléyades.
Sobre todo en el "mundo azul" y el "mundo verde", que son bastante parecidos a la Tierra.
Tengo un recuerdo que te voy a contar. Jajajaja…

Taaron era un príncipe en una de sus vidas en el "mundo azul", vivían como aquí, cuando era la época medieval.

Yo era del sexo femenino, estaba en otro planeta mucho mas evolucionado, conducía una navecita y me dedicaba a hacer turismo visitando varios planetas, curiosa como siempre.

Paseando, paseando,...fui a parar al mundo donde estaba Taaron ... jajaja....siempre acabamos encontrándonos... ¿verdad?...!Como son las cosas!...

El estaba galopando encima de un brioso caballo azul (en un mundo azul... así es el color de algunos caballos)...y me hizo mucha gracia. Le estuve siguiendo con mi nave. Primero discretamente, luego ya mas directa. El no había visto habitantes de otros mundos, ni conocía las naves. Puse mi nave delante y se sorprendió. El caballo se puso nervioso, le tiró al suelo y se fue corriendo. Descendí de mi nave y fui a auxiliarle.

Estuvimos un buen rato juntos. Primero fue extraño,... sorprendente,... pero poco a poco nos fuimos acostumbrando y reconociendo. Además no hablábamos la misma lengua y eso fue un tanto incómodo, al igual que la diferencia en nuestros cuerpos y de nuestra evolución. Durante un tiempo, tuvimos nuestras citas clandestinas, hasta que el me pidió irse conmigo de turismo. Y... ya no regresó a su planeta. Allá quedó la leyenda de "el príncipe que fue arrebatado a los cielos", que cuentan los mayores a los niños del lugar.... Jajajajaja...

Ahora, a un grupo numeroso de entidades, nos han enviado aquí, a la Tierra, para colaborar en la evolución de los habitantes. Hemos venido en parejas.

Nuestros cuerpos tienen una estructura muy parecida a la de los humanos, y así no se asustan de nosotros, aunque nos manejamos en tercera y cuarta dimensión.

Cuando estamos con los habitantes nos densificamos y estamos en tercera dimensión, cuando nos relacionamos entre nosotros lo hacemos desde la cuarta, más sutil y más fácil para nosotros.

La mayor parte somos del equipo 51.

Te cuento como están las cosas por aquí: Ya hay un gran número de habitantes en La Tierra.

Nosotros somos como unos técnicos: les damos consejo, apoyo, ideas.

Cada pareja ha formado un grupo, unos les enseñan la agricultura, otros a cazar, también a confeccionar utensilios, a curar sus heridas con hierbas y cosas así.

Van y yo les enseñamos como funciona la Justicia.

El es muy apasionado y pone mucho interés en que se cumplan las directrices que hemos organizado.

Les enseñamos como vivir con respeto y armonía.

Algunos destacan por sus cualidades y a estos los preparamos para ser líderes del grupo. Porque la idea no es hacerlo todo nosotros, al contrario, es prepararles para ser independientes y libres.

Yo me enfoco más en las mujeres y Van en los hombres.

Nos gusta promocionar la igualdad y el equilibrio entre ellos. Los reunimos y hablamos de sus problemas. A veces hombres y mujeres por separado y a veces todos juntos.

Se han formado asentamientos de humanos, en distintos lugares del planeta.

Nosotros viajamos con nuestros transportes de un lugar a otro.

Nuestro grupo tiene un líder que es el "Príncipe Planetario". Es muy activo, apasionado y se siente un ser libre.
"Príncipe Planetario" es un cargo. Lo puede ser aquel que se prepara para ello. Como si fuese una carrera. No se tiene que ser de la realeza.

Al Príncipe Planetario le voy a poner un nombre inventado, porque no tengo su permiso para poner su nombre verdadero aquí.
Le voy a llamar…. A ver, a ver… CAL-GIS.

Pues CAL-GIS, hace unos días se reunió con un líder que dirige varios Sistemas, al que voy a llamar LUMEN.

Ellos dos se parecen bastante en su carácter. Son abiertos, expansivos, apasionados, están experimentando la energía del poder en sus diferentes variantes.

LUMEN esta convenciendo a CAL-GIS, de que ellos tienen capacidad para gobernar de forma independiente de los distintos consejos superiores y más allá de las consignas que el Creador de este universo tenga para esta zona.

Creo que nuestro Príncipe Planetario, esta sucumbiendo a la tentación y quiere hacer las cosas a su modo, sin cumplir forzosamente las directrices que le marca el **Consejo de Ancianos**.

La Tierra, como los demás planetas que orbitan alrededor del Sol, esta bajo la dirección del Consejo de Ancianos que habita el **Sol**.

Estos seres, trabajan para que haya armonía en todo el Sistema Solar.

Los del Sol están bajo las directrices de los que rigen las Pléyades, tienen su sede en **Alcione**, su estrella más importante. Estos siguen las directrices de **Sirio**. Y así sucesivamente, hacia arriba.

Todos trabajan para que haya armonía y se sigan los planes que ha diseñado el Creador para el universo, o sea, "**EL PLAN MAESTRO**".

CAL-GIS ha preparado una fiesta.

Ha invitado a embajadores muy importantes de todos los Sistemas cercanos, con la excusa de enseñarles nuestro trabajo con los humanos.
Para que vean lo bien que lo hacemos,… jajajajaja…

Lo esta preparando a lo grande.

¿Y cual es mi ejercicio de prácticas en todo esto?
Pues el Creador, Miká, me ha pedido que sea sus ojos, sus oídos y su voz en la Tierra. Pero en secreto, que nadie lo sepa. Shhhh…

La forma de comunicarme con El es muy interesante.
Para hacerlo, Van y Ebanne, (o sea Taaron y yo), hacemos el amor.

Tenemos un vínculo sexual.

Al estallar mi fuerza, se implica la energía que llamamos kundalini, que circula siguiendo el camino de la columna vertebral. Esta energía al activarse con muchísima potencia, hace que se abran mis canales, que se activen mis chakras a tal punto, que la energía sale disparada de mi cuerpo, al lugar donde habita el Creador.

En la cumbre de la relación, mi energía es tan elevada que me permite conectar directamente con EL.

Es como si pones un coche a todo gas y sale disparado.

Pero,... siempre hay un "pero".. ¿Verdad?..

Si en ese momento no tienes el control y no lo sabes dirigir de forma adecuada, puedes chocar y matarte,... jajajaja... por eso estas prácticas requieren mucho entrenamiento y un gran control de la energía. Porque te puede fulminar.

Para poder llevar a cabo estas prácticas, me he estado preparando en un lugar especial, en un Templo con Maestros especialistas en el tema.
¿Qué te parece?... A que es interesante... ¿Verdad?

Ahora, me estoy preparando para poderlo hacer sin la implicación sexual, solita, mediante determinados ejercicios que no te voy a contar,... jajajaja....

Si lo quieres saber... tienes que investigar por tu cuenta con un Maestro adecuado.

Hoy Van se ha ido a hablar con CAL-GIS. Cuando regrese te cuento.

<u>Van ya esta de vuelta.</u>

.- ¿Que te ha contado CAL-GIS?

.- Dice que se ha reunido con LUMEN y otros seres muy importantes de la Galaxia.
Por lo que me ha contado, creo que están preparando una "rebelión".

.- ¿Cómo?.. ¿Qué dices?.. jajajajaja…. No me lo puedo creer…

.- Tenemos que conectar con el Creador y contarle lo que esta pasando. Ven amorcito.

Después de conectar

.- Ves, Ebanne, ya te dije que esto no es lo que quiere el Creador. El tiene unos planes para este planeta y lo que esta ocurriendo se sale de ellos.

.- Pues… ¡convoca una reunión con los equipos y cuéntaselo!!!

.- Si, es lo que voy a hacer. Voy a hablar con todos, a contarles lo que esta pasando. Esto es muy serio cariño y…. **¡no lo voy a tolerar!**

Van convoca a todos y cuando se lo cuenta, ve la cara de sorpresa de cada uno.

Algunos están de acuerdo en lo que esta organizando CAL-GIS, creen que será bueno para todos. Van se esta exasperando.

La reunión se hace muy larga, la gente dice que **"lo tiene que pensar"**…
Van se queja…

.- ¿Pensar?.. ¿Qué es lo que hay que pensar?
Estamos en este planeta con un objetivo,,, dar una formación a la humanidad, no ser los líderes, sino ayudar a que ellos lo sean de una forma inteligente, pacifica y práctica.
Si aplicamos el principio que esta mostrando CAL-GIS, también tenemos que darles la libertad a los humanos y marchar de aquí. ¡Que se apañen como puedan!!...
¿Eso os parecería bien?

¡No hay que pensar nada! **¡Hay que abortar esta rebelión! ¡Seguir con los planes del Creador!** y no con los planes particulares que tiene LUMEN y que están implicando a CAL-GIS y... a nosotros como consecuencia.

Los grupos insisten en que "hay que pensar".
No quieren contrariar al Príncipe Planetario.

Aunque,...algunos ya lo tienen claro y se posicionan al lado de Van y otros de CAL-GIS.

Van esta furioso, se va de la sala.

En la fiesta:

Ya estamos en plena fiesta, esta muy concurrida, han venido embajadores de muchos lugares de la Galaxia.

Vienen con sus séquitos. Hay muchísima gente.

Cuando ya llegaron todos los que estaba previsto, CAL-GIS, toma la palabra y cuenta sus ideas.

Se palpa el asombro, la sorpresa. Aunque algunos ya sabían que esto iba a ocurrir, porque en sus regiones también se esta hablando de ello.

CAL-GIS, ya lo da por hecho y solo quiere saber quienes están a su lado en este tema.

A Van hace rato que lo busco, pero no se donde se ha metido.

Me voy a la habitación a practicar el comunicar con el Creador, yo solita, a ver si ya se me da bien y le explico lo que esta pasando.

Después de la comunicación:

Me ha dicho el Creador que no le gusta nada lo que esta pasando.
Es una **lucha de poder**. Parece que LUMEN le esta retando, y esta manipulando a aquellos que tienen la misma sintonía.

¡Dice… que va a poner el planeta en **cuarentena** ya mismo!

Esto implica que vamos a perder la conexión más allá del planeta. Así que nos vamos a quedar solitos, sin conectar con nadie del exterior.

Los que estamos aquí ya no podremos salir. Ni los embajadores que ahora están aquí. Estos ya no pueden regresar a sus planetas de origen.
Dice que es, porque ya están **contaminados**.

Y que nos vamos a convertir todos en "habitantes de la Tierra".

Con lo que implica con respecto a la reencarnación, por ejemplo, y no tener mas avances debido a conexiones exteriores.

En fin, que nos mete dentro de una burbuja y que no saldremos de aquí hasta que todo esté solucionado.

Ni tampoco puede entrar nadie para ayudarnos, hasta dentro de un tiempo.

Y yo me pregunto... ¿esto cuantos años implicará?

Y yo que estoy aquí por mi "quinto plan de evacuación". ¿Como lo podré hacer si no hay conexiones?

Bueno... ya lo iremos viendo... ¿no?..

De momento quien me preocupa es Van... ya hace mucho que no le veo... Voy a preguntar por ahí.

Los rebeldes

A Van lo tiene retenido CAL-GIS, porque lo ve como un rebelde y no quiere que se entrometa en sus planes.

Creo que le han maltratado y torturado. Estoy viendo si yo puedo hacer algo.

CAPITULO 7

"CUARENTENA"

Ya han pasado tres días de la fiesta.

Las comunicaciones han empezado a fallar y los embajadores que querían regresar, ahora están teniendo muchos impedimentos para hacerlo.

No tienen muy claro que es lo que está pasando.

¡Así, que, esto es la cuarentena!!!… vaya… vaya…

Todavía no tenía muy claro como iba a suceder este hecho, pero ya se va viendo.

No se puede comunicar con el exterior.

Los que están aquí no pueden salir y CAL-GIS cada día esta mas furioso, ya no conecta con LUMEN.

Al que me imagino que también esta en cuarentena o algo así, ya que, en el fondo, es el protagonista de la historia.

Van ha tenido que huir porque aquí era maltratado.

Entre todos le hemos ayudado a escapar y se ha ido bastante lejos.

Siento su tristeza en mi corazón. El esta siendo correcto en sus ideas, en cambio no es entendido. Algunos le apoyan y se han ido con el.

La consecuencia de todo esto es que se ha paralizado todo el trabajo que estábamos haciendo con los humanos.

Ellos están extrañados al vernos a nosotros así de locos.

No entienden lo que pasa.

De armonía nada. Todo es caos y desorden.

Me siento rara, no se lo que va a pasar, pero no me gusta nada.

Algo se está palpando en el ambiente.

Parece que nuestra condición de "inmortales", se esta desvaneciendo.
Algunos están enfermando, cosa que nunca había sucedido antes.
Vamos a ir viendo que sucede. Te lo iré contando.

Un tiempo después.

Me ha dicho el Creador, que ya nadie puede entrar ni salir, **definitivamente**.

Los que estamos aquí vamos a entrar en la rueda de las encarnaciones, reencarnando una y otra vez, hasta que aprendamos la lección.

Hasta que seamos humildes y acatemos las directrices del Creador, como equipo, no individualmente. Y sobre todo, entendamos **quien es el que manda aquí,**... jajajajaja...Bueno, El no lo ha dicho así, esta es mi "interpretación"......... Jajajajaja...

Nos reproduciremos como los humanos.

Los embajadores serán repartidos por el planeta.

Como ellos tienen formas distintas, de momento estarán en distintos lugares y su forma se tornara parecida a la de los humanos, aunque con algunas características especiales.

En el futuro, les llamaran chinos, hindúes, indios apaches, negros, etc....

Van a formar lo que se llamará: las "razas".

Así aportaran a la Tierra cualidades de sus planetas de origen.

Por ejemplo, unos que son de las Pléyades, ahora estarán en Norteamérica y formaran la tribu de los indios americanos y canadienses.

Nuestros transportes se están averiando y no tenemos piezas de recambio ni forma de conectar con otros lugares para obtenerlas.

Nuestras herramientas se están deteriorando.

Nuestras capacidades energéticas y mentales están disminuyendo poco a poco.

Estamos quedando adormecidos, sin energía, sin ganas de hacer nada, solo descansar.

El cerebro no funciona con la agilidad acostumbrada.

Así que esto es la cuarentena… ¡caramba!!

No me hace ninguna gracia.

Parece que me va a tocar encarnar en humano…

Mmmmmmm……….. Que sueño………

CAPITULO 8

"REENCARNACIONES"

Abro un poquito los ojos para contarte algunas cositas.

Recuerdo algunas vidas. No tengo muy claro el orden.

Medio somnoliento y con un poquito de esfuerzo, voy a hacer un repaso de las que me han marcado de una u otra manera.

Destacan las vidas en Japón.

Las de samurai me gustaron mucho.

¡Al fin vidas masculinas! Te fijaste que cantidad de vidas femeninas que he hecho…. Eso es porque me faltaba aprender del lado femenino.

Con un cuerpo femenino es mas fácil aprender los niveles del amor, los cuerpos masculinos tienen mas fácil aprender la energía del poder.

La sabiduría la podemos aprender de cualquiera de los dos.

Bueno, al amor y el poder también, pero según se maneje el mundo, a veces es más fácil en un cuerpo que en otro.

Sobre todo depende de quien tenga el poder en ese lugar y en esa época, los hombres o las mujeres.

Habitualmente y durante mucho tiempo el poder lo han detentado los hombres y han tratado a los demás como propiedades suyas.

Y así fue con los samuráis, con su **"código de honor"**, con su entrenamiento de guerrero, su respeto, su obediencia al líder. Y sus espadas. Las katanas.

El manejo de la espada es todo un arte.
Cuando llegaron las armas de fuego, todo esto se acabó.

Y de "códigos de honor" ni hablemos…. Ya ha quedado muy obsoleto.

Creo que hice varias vidas en Japón, con diferentes cuerpos. Me gusta mucho esta energía.

Otras vidas que me gustaron fueron las religiosas.

Estas monjas y esos sacerdotes incomprendidos, tristes, con ganas de martirio, esa fe incombustible… también me gustaron mucho.

Siempre procurando acercarse al Creador.

Recuerdo una, concretamente, en Italia, en que ya desde pequeña quería ser monja, pero mis padres me obligaron a casarme.

Tuve dos hijos. El marido me maltrataba. Al final todos eran unos delincuentes y murieron de una u otra manera.

Al fin viuda y sin padres, ni hijos, intenté entrar en el convento.

Entonces eran las monjas las que me lo impidieron.

Tuve ayuda divina y al fin me admitieron.

Pero la madre superiora me pedía cosas imposibles.
Por ejemplo que cuidara una parra reseca y muerta. Pero,… en fin… Con un poco de paciencia y mucha constancia.. la reviví milagrosamente.

En mi efervescencia religiosa, pedía a Jesús que me ayudara a comprenderlo, a sentir su martirio. Y recibí una espina como la suya en la frente.

Esto creó mucha polémica en el convento.

Olía mal porque se infectaba, se veía horrible. Pero yo andaba re-contenta con mi "muestra de corona de espinas" en la frente.

Un día vino el Papa de visita a la región, y le pedí a la madre superiora, que por cierto era Ainde, uno de los elohims.
Que me dejara ir a verle.
Me lo negó por la herida.

Entonces no me quedó más remedio que pedirle a Jesús que me limpiara esa herida para poder ir de visita.
Y se quitó. Mi herida se limpió y me fui con un grupo de gente a recibir su bendición.

Al regresar, también regresó la herida.

En aquella época nos gustaba mucho sufrir y ofrecer ese sufrimiento a Dios.

Darnos latigazos y cosas así. Teníamos herramientas de auto-castigo como el cilicio, que nos poníamos bajo la ropa. Y ofrecíamos el sufrimiento.

Era una manera de decirle al Creador que nos fuera quitando la cuarentena.

Sufríamos para la humanidad. Pedíamos el perdón de nuestros pecados y de los pecados de la humanidad.

Como si el error fuera nuestro. Que de hecho así era.

Pero parece que todavía no era el tiempo, de salir de la cuarentena, porque ha durado una buena temporada más.

Otra vida que me gustó fue la de "sibila" en Grecia.

Esta ya fue una de las preparatorias para ser un "canal de Luz".

Estábamos en un Templo en Delfos, allí venían personajes muy importantes y nosotras les contábamos lo que veíamos de su futuro.

Calentábamos unas hierbas y sus vapores nos ayudaban en la conexión.

Antes de esta etapa pasamos encarnaciones en la Lemuria y la Atlántida.

La de la Atlántida si que tuvo que ver con planes de evacuación.

Te cuento:
En la Atlántida, yo formaba parte de un grupo en el que había un rey y su corte.
Mi cuerpo era de una chica, recuerdo mi etapa de jovencita, en la que se hablaba de que, un asteroide o una luna de las que había,… iba a caer encima del continente atlante y a destruirlo.

En este lugar se había conseguido llegar a una etapa avanzada científicamente.

Hablaban de la destrucción… los profetas, los videntes, los astrónomos y muchos científicos.

Se avisó y reavisó a la población.

A mi me mandaron con un grupito, que ya te puedes imaginar quienes eran, jajajajaja… a unas tierras, que actualmente se corresponden con Egipto.

Nos pidieron que allí construyéramos unos edificios, templos, etc., para refugiarse la gente cuando ocurriera la catástrofe.

Otros grupos los mandaron a lo que ahora es América y construyeron allá los edificios planeados.

Mi equipo construyó un enorme Templo, palacios y demás edificios.

En la entrada pusimos dos leones enormes con una cara humana, y le hicimos una gran avenida hasta llegar al Templo.

De estos leones aun queda uno en la actualidad. Le llaman la Esfinge. Y está donde las pirámides.

En esa zona había mucha vegetación, agua y grandes posibilidades para el cultivo y empezar de nuevo. La población era bastante primitiva, pero ya nos ocuparíamos de que evolucionara.

En esa vida nos manejábamos en la tercera y cuarta dimensión.
El Creador nos puso a prueba y nos permitió tener algún que otro "poder".
Recuerdo que yo tenía la cualidad de convertirme en pájaro.

Taaron era un mago, un chaman. Se convertía en águila.

Éramos de la misma población. El mucho mayor que yo.
Me veo como una chica de unos 15 años.

Los atlantes teníamos algunas construcciones bajo el agua.

Los de mi reino, tenían una a la que solo se accedía si eras un pájaro, ya que se entraba por un orificio en la punta de la pirámide, que sobresalía por encima del mar. Todos en mi grupo podían convertirse en pájaros y en otros animales.

Aun tengo presente la última reunión antes de que la Atlántida se hundiera en el mar.

Todos estaban preocupados porque la población no hacía caso. Teníamos que evacuar a la gente y llevarla a los nuevos edificios.
A mi grupo teníamos que llevarles a los que habíamos construido en Egipto.

Teníamos alguna tecnología en el transporte. Unos barcos que podíamos hacer que volaran a unos metros del suelo.

Mucha gente murió por no escucharnos. Nosotros salimos muy pronto, en cuanto todo estuvo listo. Nos llevamos toda la documentación sagrada que teníamos, para salvaguardarla de cara al futuro.

A este no le considero un "plan de evacuación" en sí, porque no está efectuado desde las naves o por la Confederación Intergaláctica. Ni era un problema para toda la humanidad, solo para la Atlántida.

Así que la evacuación número 5 está por llegar.

En la etapa atlánte también se hicieron muchos desastres. Parece que no acabamos de entender el tema del poder, en que forma utilizarlo para el servicio hacia los demás.

Se trabajaba mucho con los minerales.
A los débiles los encerraban en algunos minerales especiales.

De eso mejor no os cuento mucho, porque desastres en este planeta, por falta de amor, se han hecho a montones.

Y me falta un recuerdo que tengo en la India, siguiendo a un Gran Maestro. Allá yo tenía mucho dinero y mi casa era un encuentro de todos los pobres para que pudieran comer. Creo que tiene algo que ver con los sijs.

TERCERA PARTE
"TIEMPO ACTUAL"

Bueno, después de muchas encarnaciones, ya hemos llegado a tu época.

Estamos en el año 2012.

Aquí tengo un cuerpo femenino, que se llama Susi,.

Taaron tiene un cuerpo masculino, llamado Fabri.

Te voy a contar las prácticas de esta etapa.

CAPITULO 9

"MASTERS DEL UNIVERSO"

Menudo título… ¿verdad?..

Mira que es pesado eso de nacer una y otra vez.

Y además siempre hay algún punto de sufrimiento, de una u otra forma.

Todos luchamos continuamente por conseguir **instantes de felicidad**,
¡Y lo que nos esta costando!!… ¿No te parece?..

Claro, como aquí rigen las **Leyes del Universo** y una de ellas es la de **"Causa y Efecto"**.

Todo lo que ocurre dentro de ti, o sea los pensamientos, sentimientos, palabras y acciones, tienen una consecuencia.

Es la manera en que nos apoya el universo para aprender.

Lo que hacemos lo vemos claro, pero lo que le pasa al otro, no se entiende, hasta que eso mismo te pasa a ti.

Tanto pueden ser cosas agradables como desagradables.

Por ejemplo: si le doy una patada a alguien, se cual es mi sensación, pero no entiendo el dolor que le produce al otro, hasta que me dan una patada a mi.

Una vez conocidas las dos partes, puedo decidir si quiero dar más patadas o ya me abstengo...

A veces necesito unas cuantas "patadas" o algo parecido, para aprender. Jajaja...

Claro que esto también va a depender de la elevación de la conciencia de cada uno.
Es decir, del grado de amor, sabiduría y poder que tenemos.
Y que lo hemos ido adquiriendo en esta **rueda de encarnaciones**.

Hemos tardado vidas y vidas en aprender de que va el tema y aun nos cuesta...
¡Como... andamos... medio... dormidos!!!

Te voy a contar como están las cosas ahora:

Pues estoy en un cuerpo femenino, que se llama Susi, como te he dicho al principio.

Ahora ya esta un poquito mayorcita y por fin parece que entiende que solo es una de mis fundas, pero le ha costado bastante.

Y a mi me ha costado y a la vez divertido todo el proceso hasta que al fin te estoy escribiendo estas líneas en un ordenador... jajajajajaja...

¡Fíjate!.. ¡Yo manejando la tecnología humana!!

Desde la fiesta donde ocurrió el tema de entrar en la cuarentena hasta el día de hoy han pasado muchísimas cosas.

En este tiempo, nuestros cuerpos se fueron deshaciendo, nos morimos todos poco a poco, no quedó nadie. Y volvimos a nacer, pero a través de los cuerpos de las féminas humanas. Así que Ebanne y Van, se esfumaron.

Claro que esto ha supuesto un gran avance para la humanidad, pero para nosotros, ha sido **la caída total.** Bufff…. ¡Qué desastre!!
Que mal sienta tener una serie de cualidades energéticas y de pronto perderlas.

El equipo 51 esta por aquí, cerca. Todos tenemos cuerpos humanos y somos un desastre. Jajajajaja…

Nos falla la telepatía, no nos damos cuenta de que estamos dentro de fundas humanas. Nos creemos que somos el cuerpo humano…. Jajajajaja…

Nos cuesta mucho saber lo que esta pasando. Aunque a veces parece que una lucecita se enciende y pensamos… "eso es lo que me gustaría hacer a mi".

Y claro… lo que te gusta a ti, resulta que no es lo mismo que lo que le gusta al resto de la humanidad.

Sientes que nadie te entiende.. y ni tu mismo te entiendes. No sabes lo que te pasa.
Tienes mucha confusión en la mente.

No sabes lo que tienes que hacer y si lo intuyes, no sabes como se puede hacer, o donde están las cosas, por ejemplo, el dinero, que te puede ayudar para hacerlo.

Porque…. tu no te manejarías con dinero,… piensas que solo con pensarlo las cosas ya tendrían que estar listas… jajajajaja… pero… ¿Es que no te acuerdas de la cuarentena y del desastre que hubo entonces, que hizo desaparecer nuestras capacidades de materialización?…

Ahora hay que **luchar** para obtener lo que necesitas, aunque sea para ayudar a la humanidad.

Hay que **esforzarse** y no siempre se consigue.

Porque ese es tu deseo… "quiero ayudar a la humanidad"… si, claro… Pero no hay maneras… se necesitan un montón de cosas para poderlo hacer…
¿Verdad?

Imposible conseguir lo necesario a través del poder del pensamiento como entonces.

Así te sientes,… atrapado en un mundo que no te comprende y sin tus "poderes"…. Jajajajaja…

Y la cuestión es que te encuentras con tu equipo, y piensas,… ahora si, juntos esto va a ser diferente… y … no sabes que es peor… jajajajaja….
Estos tampoco te comprenden… y es porque como no se comprenden a sí mismos y todos somos una mónada… no te pueden comprender… jajajajajaja…

Te lo aclaro: Todos somos un reflejo los unos de los otros. Fuera de nosotros sale la parte incomprendida y el universo la coloca delante para poderla observar.
Como si tuviéramos un espejo.

La persona que tenemos enfrente actúa así para ti. Te hace el favor.
Eso se llama **proyección**.

Es otra forma que tiene el universo de ayudarnos a crecer. Te pone a ti mismo delante y lo que hagas con esta parte de ti, tiene consecuencias en tu interior.

Y aquí el caos... ya es total y absoluto... Jajajajaja...

O aprendes a amar a los demás y por tanto a tus reflejos y como consecuencia a ti mismo, o todo se derrumba y acabas sintiéndote abandonado y con una bonita depresión.

Así que, seguramente que tampoco me vas a comprender a mi. Ni vas a entender todo lo que te estoy contando.... O.... ¿si lo entiendes?..

¿Cómo van tus proyecciones? Jajajajaja...

A lo mejor tu eres de mi equipo de prácticas.... ¿Lo eres?.. ¿Eres de mi mónada?
¿O de la mónada de al lado?.. Claro como descendimos tantos y tantos... y muchos estamos en este mismo universo....

¿Sabes que ha pasado?

Te pongo al día.

Resulta que como aquí estamos en la dichosa cuarentena, han aprovechado para declarar a la Tierra como planeta cárcel,… bueno, unos le llaman "cárcel" y otros "escuela".

La cuestión es que quien entra aquí ya no puede salir, de momento, que yo sepa, pero puede aprender mucho en este lugar.

Aquí se aprende de todo. De todo. De todo. Cuando consigamos salir de aquí, seremos los **"masters del universo"**… jajajajajaja

Parece que la cuarentena se va aflojando un poco hace cosa de unos 200 años, más o menos. Se nota porque entran almas de otros lugares.

Los que estábamos aquí, reencarna que reencarna, éramos una cantidad concreta y de repente, en 200 años, esto se ha multiplicado muchísimo.

En los últimos años ya somos mas de 7.000, millones de habitantes.

¿Estos donde estaban?…. ¿Cómo han llegado estas almas aquí?

Claramente podemos decir que alguna puerta se ha abierto y al menos, entran.

Y si algunos pueden entrar… alguna puerta se abrirá para poder salir…. Jajajajaja…

Así que la cuarentena esta aflojando.

Ya me froto las manos pensando que mi quinta evacuación está cercana.

CAPITULO 10

"PREPARACIÓN"

¿Cómo me preparo para la quinta evacuación?

Pues lo primero es tener un vehículo adecuado.
Que me pueda contener a mi en su interior, para poderlo manejar directamente y que el exterior sea amigable con los demás habitantes.

Esto si es complicado de hacer porque no he podido intervenir directamente.
He necesitado a mis otras fundas y a mis ayudantes para esta labor.

Me explico: cuando un ser como yo se pone una funda, esta tiene que ir acorde con el nivel que vamos a trabajar, si la funda no resiste mi energía, la puedo destruir. Por eso necesitamos fundas intermedias, resistentes a la capacidad energética... intermediarios...

Cuando yo puedo manejar directamente mi funda humana, le llaman **"Manifestación de la Presencia Superior".**

Claro, porque yo tengo una funda siriana, esta tiene una funda solar y esta es la que manejaría la funda humana.

La siriana es **Danae**, la solar se llama **Ardaimba**, y la humana es **Susi**.

O sea, Susi (humana) ...es manejada por Ardaimba (solar).
Ardaimba es manejada por Danae (siriana).
Yo manejo a Danae (soy el Elohim... jejejejeje...).

Si todos nos ponemos de acuerdo, yo los podría manejar a todos a la vez.
Acabando por manejar a Susi.

Pero como cada funda, esta en una dimensión,... no conecta con la funda de la siguiente dimensión más densa si no tenemos una energía intermediaria, que pueda conectar los dos lados.

Como un transformador.

Cuando tienes una empresa de luz que emite a un voltaje de 220 y tu tienes un aparato que solo se puede conectar a 125, necesitas un aparato que conecte a uno en cada lado y transforme la energía.

Si pones el de 125 a la corriente de 220, te lo cargas. Lo fulminas.

Pues esto es algo parecido, si yo me pusiera en contacto con Susi directamente, la fulminaría... jajajajaja...

Ahora nos podemos reír los dos, pero... con lo que cuesta encarnar... es mejor que no juguemos con la Luz. Jajajajaja... ¡Nunca mejor dicho!

Total, que para que Susi y yo conectemos hemos tenido que hacer un montón de tarea.

Además tiene que haber un respeto entre nosotros. O sea que, yo respeto muchísimo a mi cuerpo humano. Tanto, que no voy a hacer nada sin su permiso.

Ahora la cosa está en cómo obtener su permiso.

En primer lugar, tiene que haber una base.
Así que, la Luz que hay en su interior le hace intuir cosas.

Por ejemplo, que no estamos solos en el universo. Que existe Dios.

Esta combinación de FE y la creencia en la existencia de otros seres, han hecho que se aficione a los libros de Lobsang Rampa y de JJ Benítez, desde jovencita.

Ya tenemos una base.

Otro elemento es su curiosidad por conocer como son los humanos, que hacen, como se manejan, como entenderlos y como ayudarlos.

Esto nos lleva a estudiar la carrera de asistente social y de psicología.

Aunque ella quería ser cirujano desde pequeña, pero los padres pusieron su granito de arena.
Eran los 60, una época en que las niñas estudiaban para maestra o enfermera.

Luego se casaban y dejaban de trabajar para cuidar a los niños.
Ya no te acuerdas de eso, ¿verdad?
Bueno, a lo mejor eres muy joven y no has conocido este trato a las mujeres… Jajajajaja…

Así que el padre, que la quería como secretaria para su empresa, tuvo que ser llamado por las monjas para que la permitieran estudiar "bachillerato" y no "comercio".
Que eran las dos opciones de la época.

.- *Su niña es muy inteligente, tiene un coeficiente de superdotada. No puede ser que no le permita estudiar bachiller para poder hacer una carrera....* Le comentaron las monjas...

Total... cambio de curso, pasamos de comercio a bachiller.

.- *Pero nada de cirugía, que es muy largo y lo vas a dejar a la mitad para casarte.*
Dice el papá.

Casarse, casarse, casarse,....era lo que menos le apetecía... y eso que ya lo ha hecho tres veces... jajajajaja....

Bueno, pues vamos a magisterio... No puede ser... se necesita COU,... Pues... vamos a hacer COU.

Y otro test de inteligencia y repetimos la historia, ¡que rollo!!!

.- *Su hija tiene un nivel muy alto de inteligencia... sería bueno que estudiara una carrera.*

.- *De acuerdo, pues estudiaras farmacia y luego te ponemos una farmacia y ya esta. Ya tenemos a la niña lista y colocada.* - Otra vez el papá-.

Pues estudiamos farmacia,…

Y…

Todo suspendido en el primer año. Una escabechina de cuidado. Y eso que se apuntó a ser jefe de prácticas de biología, de química y de todo lo que podía….

Le gusto mucho esa parte de los laboratorios… jajajajaja….

En eso se nota que mi parte de "ingeniero cósmico" es inevitable que surja…

Inevitable…

¡Como marca, la naturaleza de cada uno!!! ¿Verdad?

Bien, el papa trae un folleto de una carrera de tres años… "asistente social".

Mirándolo contiene asignaturas que le gustan…. Psicología sobre todo.

Es una carrera corta, se hace en el Hospital Clínico de Barcelona, solo se apuntan una docena de chicas. Se lo pasa bien. También va una amiga del pueblo de Gerona.

¡Qué casualidad!..jajajajaja…. ¡a divertirse!!!

Como solo se estudia por la mañana… le da la vena y se apunta a Ingeniería por las tardes.

Es que esta Susi no para…. Estudiosa ella. En ingeniería todo chicos. Solo dos chicas.

El problema viene cuando hay que hacer prácticas y las dos carreras solicitan el tiempo libre para hacerlas.

Aquí ya no se puede, hay que elegir.

Mejor me quedo con la de asistente social, es más parecido a lo que venimos a hacer aquí. A ver si por ahí podemos ayudar a la humanidad. Elige mi chica.

A todo esto los papas se venden la casa. Se van a vivir a Olot, un pueblo de Gerona, de donde es la madre. Se compran la casa allá. Mientras Susi vive en una residencia de chicas cerca del Hospital Clínico.

La experiencia de la libertad es muy interesante. Sin el agobio de la familia.

Pero dura poco, los padres se compran un piso en Barcelona, cerca del de su hermano.

Vamos terminando la carrera y empezamos a trabajar en un centro de la tercera edad.
Un trabajo tranquilito. El mayor agobio es no tener todos los recursos que desearía para ayudar a la gente.

Mientras estudia en el Clínico se produce el primer matrimonio. Un joven estudiante de medicina, Siriano,... jajajajaja... pero de Siria, no de Sirio.... Jajajaja... musulmán.

El matrimonio se efectúa a través de un sacerdote musulmán, pero en ningún Registro Civil.
Cada uno en su casa. Dura muy poco. Demasiadas prohibiciones y conflictos.
Un divorcio muy rápido,..... Basta con romper los papeles y ya está. (Así da gusto).

Pero al terminar la carrera y ya viviendo los padres en Barcelona, conoce al padre de su hijo.
Esta si es una boda normal, como las de aquí. Por la iglesia.
Embarazada.

Tanto el padre como el hijo son elohims.

El hijo es Trixi, el elohim que contaba cosas de Sirio al principio, ¿te acuerdas?

Trixi, es un elohim que tiene unas características muy especiales. Es creativo, divertido, imaginativo...

Yo me lo paso muy bien con el.

Y una vez casada y madre, ya reanudamos los estudios, ahora empezamos la carrera de psicología.

Allí nos encontramos con más elohims del equipo...
¡Vamos haciendo peña...!

A todo esto la mamá se muere, el padre se casa con la suegra y ella se divorcia del padre de su hijo.

En fin... ¡Qué paliza!!!!

Un culebrón digno de un programa de la tarde.... Jajajajaja...

Me imagino que a ti también te han pasado tus cosas...

Si me pudieras contar... ¿Verdad?... jajajajaja

La cuestión es que todo esto se hace para irse encontrando con los colegas con los que has venido.... Unos los encuentras en un lugar y otros... en otro... o sea que tienes que ir metiéndote en distintos lugares para irlos encontrando...

Algunos lugares son para disfrutar y divertirse... como los lugares de estudios... y otros no... y seguro que tu puedes mencionar alguno de este segundo tipo...

Como esta vida ya es la etapa de recoger datos para ir saliendo todos juntos de aquí, pues, nos tendremos que ir encontrando. Al menos ver que funda tiene cada uno, para luego juntarnos... ¿No te parece?

<u>Ya estamos en el año 1986.</u>

Así que este es el panorama en ese año...
Trabajando en un centro de ancianos, divorciada, estudiando psicología, practicando yoga, karate y viviendo solita con su hijo en la ciudad de Barcelona, en España.

Vamos a empezar la conexión.
Pero, de forma suave, no se me estropee la mente, que la necesito para mi tarea.

A ver como hacemos...
Primero, conexión con una vecina simpática.

La vecina va a tener como tarea ayudar en mi despertar.
Bueno, quiero decir en el de mi funda (Susi).
Que ya me hago un lío entre mi funda y yo.

Así que ella, la vecina, que es una brujilla, y que ya me la conozco de muchas vidas, me trae un tarot, una oui-ja, me lleva a las tiendas esotéricas y me despierta el gusanillo.

Comienzo a echar el tarot al personal cercano y resulta que las cosas salen.

La gente alucina, pero yo… no me lo puedo creer…

Ya tenemos la miel en la boca, ya falta menos para que nos juntemos mi funda y yo.

Pero la clave esta en un anuncio:

"Introducción a las Ciencias Ocultas"

CAPITULO 11

"CONTROL REMOTO"

Es un curso con sorpresa... Mi vehículo nunca se hubiera esperado lo que iba a suceder.
Jejejeje...

Mientras tanto yo no puedo estar dentro manejándolo. Por lo cual estoy dentro de Danae (el vehiculo siriano), que es el que si puedo manejar.
Además el cuerpo de Danae me lo he confeccionado yo, a mi medida y... el de Susi, se ha confeccionado a través de un código genético terrestre, una madre que le ha dado el suyo y un padre que ha puesto su granito de arena.
O sea que yo poco he podido intervenir.

En lo único en que si he podido intervenir es en reunirme con los que rigen el planeta actualmente.
Porque hay que tratar con ellos si se quiere efectuar ese "Plan de Evacuación terrestre".

A esa reunión he tenido que acudir en mi cuerpo de Ardaimba, que es el vehículo solar. Y por tanto el adecuado a esta dimensión. A Danae no lo ven, solo pueden intuir que esta allá, así que... me meto dentro de Danae y este dentro de Ardaimba...

Hasta ahí puedo llegar.

Lo demás es conexión desde el exterior.

O sea Ardaimba conecta con Susi como cuando tienes un coche a control remoto.

Y en un principio ni eso.
Porque también hay que preparar el coche y el control remoto, para que esto pueda funcionar así.

Veamos como preparamos los controles y el coche para este funcionamiento.

De momento Susi, como cualquier humano, es manejado por sus instintos y va llevando las experiencias de todas las vidas a un recipiente etérico.
A este recipiente le llaman: la "Presencia", el "Yo Soy", el "Vehículo Superior"… y otros nombres parecidos, según la escuela esotérica.
Es como un gran ordenador central, al que le has ido pasando los datos: físico, etérico, emocional y mental de cada encarnación.

Estos, son los datos que sirven para pasar el "examen final".
Cuando por fin ya podamos salir de aquí… nos examinaran para ver si ya somos Masters en: Amor, Sabiduría y Poder.
Jajajajajaja…

Estaba contándote de la reunión con la Jerarquía Planetaria… no nos vayamos de tema.

Pues en esa reunión pedí que el vehículo que tiene que efectuar esta evacuación, tuviera una serie de requisitos.

Necesito poder manejarlo yo, directamente.

Para eso se necesita, en primer lugar, permiso para hacerlo, ya que se sale de todas las normativas aplicables a los humanos…. ¡Caramba!!!.. ¡Cuantos "permisos" en el universo!!! Permiso para esto, permiso para aquello… y ¡vosotros os quejáis! jajajajaja

También que el cuerpo resista la energía que yo voy a emitir desde el interior de ella.

Para mi también será bastante difícil de manejar, también requeriré un entrenamiento para hacerlo. Para que me entiendas, imagínate que te pones unos guantes finos, luego, encima unos un poco mas gruesos y encima unos súper gruesos.
Manejar todo esto es como llevar los antiguos trajes de buzo con escafandra y todo…
Si ya es difícil moverse en el agua, mas lo sería con un traje que pesa una tonelada.

También las mentes son muy distintas y yo quiero que mis pensamientos aparezcan en la mente de Susi.

Esta es otra gran dificultad.

Quiero que me obedezca, que no haga lo que le de la gana, sino lo que a mí me interesa que haga.
Que se deje manejar, que no oponga resistencia.

Tú imagínate que te pones un traje de buzo y cuando quieres ir a la derecha, el traje te hace ir a la izquierda. Pues no me interesa para nada. La verdad.

Así que necesito en un cuerpo, estas y unas cuantas premisas más.

Pero estas dos son las más importantes, que me obedezca y que pueda soportar mi energía.
Sin esto, no hacemos nada de nada……. jajajajajajajaja…

La Jerarquía Planetaria ha puesto en manos de expertos la confección de este vehículo que se sale de lo humano normal.
Ellos se encargan de preparar una parte y nosotros nos prepararemos para la parte que nos corresponda, adaptándonos también a la circunstancia.

Vamos a prepararnos…. Con mi mente creadora e imaginativa voy a ver qué confecciono para que mi cuerpo humano y mi cuerpo elohímico puedan conectar.

Para que sepas como lo hemos hecho… jejejejeee… Tienes que seguir leyendo…

Veamos donde estábamos…

Verano del 87:

Mis dos amigas estudiantes de psicología y yo, nos apuntamos al curso que te dije "Introducción a las Ciencias Ocultas".

Ellas son elohims de mi mónada, ¡claro!.. Por eso nos vamos juntando... jajajajaja...

Por eso el dicho ese de "Dios los cría y ellos se juntan"... así vamos juntándonos las mónadas.
Y sobre todo los "equipos de prácticas"...

Como esta vida ya es la etapa de recoger datos para ir saliendo todos juntos de aquí, pues, nos tendremos que ir encontrando.
Al menos ver que funda tiene cada uno, para luego juntarnos... ¿No te parece?

A ver... a ver... donde estamos.

Ah sí, verano del 87.

En el trabajo: jornada intensiva, lo cual quiere decir, la tarde libre.
El nene de vacaciones con los abuelos.
Y un curso los jueves por la tarde... "Introducción a las Ciencias Ocultas".

En el curso actuamos muchos.

En la parte humana están 7 mujeres de una edad próxima.
En la parte invisible, los ángeles, guías y demás seres que pueblan esa parte del mundo.
Algunos como yo, somos invitados especiales. Yo sigo a través del vehículo de Ardaimba, ya no te lo repito más, porque creo que ya te enteraste.

La profe es una chica que ya tiene experiencia en el mundo esotérico y tiene como misión despertar a los que estamos muy dormidos y perezosos, aunque dentro de nosotros existen los anhelos de conexiones distintas.

Yo, como Susi, estoy muy expectante. En mi cerebro solo tengo el registro de los libros de JJ Benítez, Lobsang Rampa y lo que me ha enseñado la vecina, del tarot y demás.

Así que cuando habla de chakras, péndulos, energías,…. Mi mente de Susi empieza a abrirse.
Ardaimba esta muy contenta de la apertura.

Y yo, claro esta, ya veo una pequeñita luz,… lejana aun, que me va a permitir manejar ese cuerpo.

A mi cerebro de Susi hay que empezar a introducirle datos y datos… de la "otra realidad".
Así que vamos a ver si forzamos un poco la máquina…

Después de varios días de clase, nos dice la profe: el próximo día os traeré a una médium, para que conozcáis el mundo del espiritismo.

Y llegamos al día clave:

La "médium", una señora de pelo blanco, turbante y un tanto misteriosa.

Busca las manos de alguna componente del curso, dice que quiere ver si llevas un espíritu, para "pasarlo" ella… nadie se atreve…

Y yo pienso: Venga Susi, tu si te atreves, ¿verdad?

Y Susi, toda lanzada, dice… yo…yo…yo…!!!

Todo está preparado en otras dimensiones para esta "sorpresa".

Primero, el equívoco de la frase:

La médium dice: "Si hay un espíritu que pase a través de esta chica"...

Y repite Susi:

"Si hay un espíritu, que pase a través mío".

Todos serios. Un momento mágico y la que se queda en trance es Susi y no la médium.

Pero nadie se ha dado cuenta del error, con los ojos muy abiertos todo el mundo sigue lo que está ocurriendo.

Una niña habla a través de Susi, la cual se siente desdoblada. Siente que dentro de ella hay otra persona y que ella también está.

Es una sensación extraña.
Susi no puede manejar su voz, la maneja la niña.

¡Bien!!... ¡La Jerarquía Planetaria ha hecho bien su trabajo!!

Aquí ya veo que tenemos dos cuerpos etéricos y uno es permeable a otras entidades.

Y tú te preguntas... ¿Qué es el cuerpo etérico?
Es el doble del físico, pero en el plano invisible.
Es el más básico, luego le siguen el emocional y el mental.

Imagínate la muñeca rusa otra vez. Hay uno físico que es el que ves. Luego uno etérico idéntico al físico -pero en la otra dimensión-(o sea, que no lo ves), dentro de este, un cuerpo emocional y en el interior, otro mental (que tampoco puedes ver).
En fin... que estas hecho una muñeca rusa tu también... jajajajaja

Así esta compuesta la humanidad normal.

Los que somos de otros lugares, hemos venido aquí y nos quedamos atrapados tenemos, además, nuestros vehículos sutiles de otras dimensiones.

Y no nos olvidemos de los elohímicos.
Y los sirianos...
Bueno... en fin... que somos un cúmulo de trajes alrededor de un cuerpo de Luz.

Yo me imagino un armario llenito de trajes... Lo que pasa que para ponerse unos, hay que ponerse los fundamentales, como la ropa interior, sino... jajajajaja
La ropa interior son los trajes básicos para estar en un lugar.
¿A que sin ella no sabes salir?
Y luego encima van los demás vestidos.

Todo esto te lo cuento para que nos entendamos, porque ya se que sin ropa interior también puedes salir de casa. Eso ya lo se.

Sigamos.

Mi cuerpo de Susi, se queda "en trance".

Para salir del trance, la profe corta la comunicación juntando las manos encima de la cabeza, como si cortara un cable invisible.

Al terminar la clase, van las alumnas a tomar algo a la cafetería y a comentar las enseñanzas.

¿Qué piensa Susi?:

.- Esto es que tengo algún trauma de la infancia y me ha salido en este momento.

Se nota que no sabe como funciona el tema de la mediumnidad (jejejeje)…

Esta vez habíamos preparado a una niña recién fallecida, pequeña, que no sabía muy bien lo que estaba pasando y lloraba y lloraba.
Buscaba a su madre. No atendía a la médium que le pedía que se calmara y mirara a su derecha.
La médium usaba sus conocimientos de cuando se está con un espíritu, con el fin de que pase al siguiente nivel.

Como no atendía a razones, la profe, cortó la energía por el coronario, tal como te he comentado, y Susi sintió que regresaba al cuerpo.
Bueno, ya hemos pasado una experiencia. Esta nos va a marcar.

En la siguiente clase las compañeras le dicen:

.- Susi, tu que eres médium, canaliza.

Todos expectantes otra vez… Jajajajaja….

Ahora introducimos la energía por el brazo izquierdo, la hacemos circular por medio cuerpo superior y que finalice en la mano derecha.

Una vez ha sentido que entra la energía, como tiene un vehículo etérico especial para esta circunstancia, permite que los espíritus entren por él.

Es como si le inyectáramos aire a un globo deshinchado. Y luego en el aire del interior, le pusiéramos otro aire más denso.

Siempre haciendo que se introduzca a través del agujero que hay en la mano.

O sea, el chakra de la mano. Un vórtice de energía abierto para esta circunstancia.

Todo eso lo ha preparado la Jerarquía... ¡Que listos que son!!!

CAPITULO 12

"LOS GUÍAS"

A lo mejor tú no entiendes lo que te cuento.

Vamos a ver,…
Tienes que pensar que estas rodeado de seres invisibles y de energías invisibles.
Y para eso hay que usar la imaginación, mientras no seas capaz de verlos.

Todas las personas tienen unos guías que les acompañan desde el principio de su vida.

Antes de nacer, te reúnes con unas entidades que preparan el guión de la "película de tu vida".

Porque así es tu vida, como una película, en la que tú eres el protagonista.

Todos los que te rodean son actores secundarios. Ellos actúan para ti. Hacen de madre, padre, hermanos, amigos,…
Y todo el mundo va siguiendo el guión.

Este guión lo tienen en la mano tus guías invisibles. Ellos tienen el documento y por tanto, van viendo que es lo que sigue cada día, y preparan los escenarios para que tu vivas una serie de experiencias.

Tu eres el protagonista que va **viviendo** estas experiencias. Son tus "prácticas de vida".

Mediante estas prácticas tus guías van observando tu conducta.

Te ponen retos, desafíos, y ven la forma en que los resuelves.
El modo como los superas.

Van midiendo tus niveles en las tres fuerzas: amor, sabiduría y poder.

Cuando ven que has superado un nivel, te pasan al siguiente. Se parece un poco a los juegos del ordenador.

Regreso a la reunión con las chicas.

Vamos viendo como mi funda, Susi, va superando las pruebas.

De momento, ya la han catalogado de "médium" y se lo está tomando bastante bien. ¡La adoro!!!

Recuerda que le han dicho:

.- *Susi, tu que eres médium,!canaliza!*

Hay muchas cosas que no tiene claras, no entiende mucho lo que le esta pasando,... pero ella sigue adelante sin vacilar.

Aquí se nota que ya lo ha hecho en otras vidas, para eso han sido útiles esas vivencias anteriores. Para que ahora sea todo más fácil y suene a algo conocido.

Todos expectantes otra vez... parece que estas cosas "gustan" a la gente.

Todo está rodeado de misterio... jajajaja

Empieza un desfile de entidades... Una a una, va pasando gente que ha fallecido.

Recuerdo el caso curioso de una chica vestida de novia. Salían de la boda el novio y ella y en las Costas del Garraf, una carretera muy peligrosa en esa época, se precipitaron al mar.
Se murió la chica y preguntaba desesperada donde estaba su novio.
Se miraba su vestido de novia todo manchado de sangre.

Mis compañeras usaban todos sus recursos para enviar a los espíritus desencarnados a la Luz.

.- Mira a la derecha.

.- Viene tu familia a buscarte, ves con ellos.

Estos fallecidos estaban muy asustados y no reconocían su situación. Por eso les costaba seguir el camino hacia el siguiente nivel.

Al final del "pase" de tantos y tantos espíritus, dice la profe,... vamos a pedirle a un **"Ser de Luz"** que nos cuente lo que esta pasando.

Empieza una **variante**...
Ahora, donde se producen las sensaciones, es en la **cabeza**.

Estos seres se mueven en una dimensión mas elevada y tienen otra forma de introducirse.

Abrimos el vórtice del chakra corona, porque esta entidad se va a introducir en otra funda distinta, una que está en una dimensión superior, y de momento, abrimos puertas distintas para empezar a introducir datos nuevos y así aprender a diferenciar a una entidad superior de un fallecido.

La sensación de Susi es la de ser una botella vacía, con el agujero de entrada en la cabeza, y que, al entrar la entidad, se va llenando.

Para sentir la sensación de ser una botella vacía, tiene que haber otra funda, que está vacía de momento. Y que se llena al entrar la entidad.

El "Ser de Luz" les dijo que era la guía de la profe, que se llamaba Roser y que esto era una ayuda que estaban haciendo a los fallecidos, ya que así los enviaban a la Luz. O sea los mandaban a una dimensión superior.

Fíjate que Susi lo está sintiendo todo: física, emocional y mentalmente. Lo que quiere decir que su sistema nervioso y sensitivo esta conectado con estas otras fundas. Y todo esto ha tenido que estar listo antes de nacer.

Tiene que venir preparada para esta tarea.

Vamos a introducir nuevos elementos.

De momento nos hemos manejado con "espíritus", o sea, personas fallecidas.
Esto es bastante cercano.
Son personas que están en la siguiente dimensión. **Algo facilito.**

Para eso solo hemos necesitado que tenga otro cuerpo etérico, "un doble-etérico".
Para que pueda manejar su propio físico en uno de ellos, y el otro es para meter a los espíritus.

Pero, fíjate, tienen que estar uno dentro del otro.
El mismo principio de siempre. Sino, no se puede manejar el físico.

El espíritu se pone en esta funda etérica, que a su vez se mete en la etérica de Susi y así manejan al cuerpo físico.

Y pueden hablar, gesticular, como si fuera ella.
Hasta aquí es bastante fácil todo. Y de momento solo nos movemos de cintura para arriba.

Lo mismo ha ocurrido con el "Ser de Luz". Otra funda, pero esta vez en una dimensión superior.

Siguiente nivel:

El siguiente nivel es el manejo de todo el cuerpo y la apertura de los ojos.

Hasta ahora no se atreve a abrir los ojos, tiene miedo de perder la conexión, pero hoy ya vamos a experimentar que eso no es así.

Nosotros ya tenemos más confianza en la forma de canalización, vemos que las fundas están funcionando bien y que su mente no interfiere en lo que sucede.

Y digo "nosotros", porque, para esta situación me están acompañando 4 expertos de la Jerarquía Planetaria, los que han preparado todo esto.
Los "ingenieros planetarios"…. Jajajajaja…

De momento parece que están contentos con los resultados de su elaboración.

Así que vamos a aumentar la cantidad de fundas y a probar más elementos y más dimensiones.
Veamos si las siguientes fundas van funcionando.

Cada **dimensión** y forma de **entidad** tiene que tener su **funda particular**, porque son distintas y seria inviable meter un elemento dentro de otro, que son incompatibles.

Así que en un principio cada uno usará su funda particular, pero vamos a tener que buscar una funda que sirva para todos. Esa funda ya tiene que crearse en un nivel superior y los ingenieros planetarios no tienen acceso a ello.
De momento vamos probando con lo que tenemos a mano, que es lo único que nos podía ofrecer la Jerarquía Planetaria.

La otra funda me la tendré que inventar yo…. Jajajajaja….
Iremos viendo como lo hacemos… me parece un tema
muy interesante.
Ya me estoy frotando las manos, ¡como me gustan estos
retos!

Siguiente clase de Ciencias Ocultas:

Todos estamos listos en todas nuestras dimensiones…
Todos expectantes.

Las compañeras y la profe observan a Susi porque siente
algo extraño.

Esta vez tenemos la oportunidad de que colabore con
nosotros un ser de **Alfa Centauro**.

Ellos están en la **nave Estrella** y dadas mis características
y la mini-apertura de la cuarentena, podemos tratar con
ellos.
Es un amiguete.

La profe nota algo extraño y empieza a preguntarle a Susi
que pasa.
Permanece muda y habla por signos y por escritura.
Empezamos el contacto con seres de las naves.

A la profe se le enciende la lucecita y empezamos a hablar
de planes de evacuación… ¡por fin!!!!
Ya entramos en mi tema de prácticas, en lo que me pidió el
Creador que viniera a hacer.

La profe esta encantada y durante los siguientes días, todo el grupo empieza un trabajo de investigación.

Para nosotros es como un juego, una fantasía, ellas lo viven como algo real, aunque no se lo acaban de creer del todo.

La historia consiste en lo siguiente:
se creen que todas son extraterrestres, que vinieron en una nave y la tienen aparcada en las Azores.
Hablan con el guardián de la nave, mediante canalización, y todo se vuelve emocionante y divertido.

Investigan leyendo libros que hablan del tema.
Invocan a seres extraterrestres, tienen conversaciones con ellos.

Siguiente nivel:

Bueno, ya tenemos tres fundas. Una para los **fallecidos**, otra para los **"Seres de Luz"** y otra para los **extraterrestres** cercanos.

De momento manejémonos con estas tres. Las probaremos de varias maneras y vemos los resultados.

Ya se manejan bien, con los ojos abiertos y de cuerpo entero.
Ahora necesitamos **subir de nivel**.

Susi ve un anuncio "Mensajes de Amor de los Seres Extraterrestres" (MASE).
Parece que hay una sede que trata este tema en Barcelona.
Se lo comunica a las compañeras y se van de visita.

Llegamos a la sede de MASE.
Ellas no se atreven a comentar la forma de la canalización y le cuentan que en una oui-ja les han hablado de planes de evacuación.

En la sede está J.E. y algunas personas más. Hay mucho material bibliográfico.
En esa época, todavía era todo muy clandestino. Así que el material eran fotocopias de un libro original y eso es lo que vendía J.E.

Tuella, una autora sudamericana ha publicado un libro muy interesante se llama:
"Proyecto de Evacuación Mundial". ¿A qué te suena? jejeje

¡Rápido a comprar y a leer todo ese material!!… mmm… ¡comidita para la mente!!!

Como el juego era… "somos capitanes de naves que están aquí para la evacuación de la humanidad"… toda esta clase de lectura es devorada por Susi.

Y algo mas interesante… libros que hablan de elohims… jajajaja… ahí me veo retratado… bueno yo soy un poco mas guapo, pero es interesante el tema.
A estos todavía no toca hacerles caso. De momento el juego va del tema extraterrestre y las naves.

J.E. tiene una sala de meditación. Un día van solas de visita al centro la profe y Susi y J.E. le pide que entre en la sala. Susi, que se mete en todo, entra intrigada.

Aquí es cuando empieza mi tarea. Así que…. ¿Todo preparado?
Vamos a ver como jugamos esta baza.

En la sala de meditación:

Ya entramos en la sala. Estamos todos dentro. J.E. cierra la puerta con llave. Así le da más misterio a la cosa…. Tachan tachan…. Jajajajaja…

CAPÍTULO 13

"LA ENTREGA"

Recordemos: Susi se halla en una sala de meditación en MASE.
La puerta cerrada con llave.

Entra y se sienta. Observa el lugar. Nosotros la observamos a ella, a ver que hace.

¿Qué es lo que alcanza a ver?
Una sala vacía, con dos mantas en el suelo, una frente a otra.
En medio unas velitas y unas imágenes que no conoce.

Nada en las paredes. Todo blanco.

Empieza la función. ¡Qué emocionante!!!

¡Vamos allá!!!

Los ingenieros planetarios le han introducido un elemento que permite la comunicación, debajo del oído derecho.
Lo ponemos en marcha con un mensaje repetitivo.

.- *"Entrego mi cuerpo, entrego mi corazón, entrego mi ser, entrego,…"*

¿Lo oye?.. ¿A ver ?… parece que si… lo está escuchando… ¡Funciona!

Lo esta repitiendo mentalmente y le gusta.

Muy bien. Lo recibe, lo acepta, le gusta…. ¡Vamos muy bien!!!

Ahora lo está registrando en su mente…
Pero no entiende lo que está pasando, mira a su alrededor.

Está buscando un altavoz, cree que J.E. le ha puesto un mantram o algo parecido.
Jajajajaja…

Pero alrededor no hay nada. Están las paredes vacías.

A ver si entiende lo que pasa…. ¡Que momentos mas emocionantes!!!…
¿Y si no lo entiende? ¿Y si piensa que es otra cosa?…

Estoy tan emocionado que si tuviera uñas me las comería.

Veo que mira alrededor y no encuentra nada…

Mira…
¿A ver qué hace?

Ahora su mano ha ido al oído. Se toca debajo de la oreja…
¡Bien!!!!…
¡Ya se ha dado cuenta!!!

¡Bien por mi niña!!!!

Ya se siente feliz y contenta. Se ha dado cuenta de que es un mensaje de entrega.

A ver que piensa...
Me meto dentro de su cabecita...

.- *Esto es, que yo he hecho una entrega antes de nacer, y ahora me la están recordando.*

¡Me parece perfecto!!

¡Que contenta se va para casa!!

¡Que contentos están los ingenieros planetarios de que todo haya funcionado según el plan!!!

Y... ¡que contentísimo estoy yo!!!... ¡Estoy dando saltos y saltos de alegría!!!!

Bueno,,, ya estamos en casa... con la alegría y la emoción.

Uy, veo que Susi frunce el ceño...
¿Qué le pasa?
Voy a meterme en sus pensamientos...

.- *Entrego mi cuerpo, si, si ,,, entrego mi cuerpo... pero... y ¿si es para hacer algo malo?..*

Jajajajajaja.... Ya se imagina poseída y con un cuchillo en la mano, matando gente de forma descontrolada...

Eso no le gusta nada.... Mmmm.... Se está poniendo seria y llama a J.E.

.- Por favor, quisiera entrar en la sala de meditación, ¿puedo venir?

En la sala de meditación:

Vamos todos para allá, voy con todo mi árbol de vehículos.

Lo del árbol se me acaba de ocurrir.
Cuando junto a todas mis fundas somos como un árbol, yo soy el tronco y ellas las ramas.
Muevo una rama u otra según me conviene…
Bueno, no se si es muy buen ejemplo.
¿O a lo mejor yo soy la raíz?… Uy, ¡que me estoy liando!!!
¡No me hagas caso!

Todos estamos dentro pensando: ¿a ver qué va a ocurrir?

Esta Susi, a veces nos sorprende.

Ella entra toda decidida… J.E. cierra la puerta.

Mira por toda la habitación sin ver nada ni a nadie, pero sabe que algo pasa… que algunos estamos allá mirándola, muy atentos,… a ver que va a contar…

Y ahora nos dice…

.- Entrego mi cuerpo, pero…. para hacer el bien, si no me tiro al tren.

Dentro de ella veo una sonrisa como diciendo… ¿Cómo te vas a tirar al tren?

Ella ha puesto su condición. Me parece perfecto. Tiene miedo. Mucho miedo, porque al perder ella el control de su cuerpo, puede ser usado para fines que no le gusten. Es lógico su miedo.

Pero a mi me parece perfecto porque me ha dado permiso. ¡Bien!!.. Tenemos su consentimiento… ¡Bravo!!!! No podría salir mejor…

Con el mensaje le hicimos recordar su entrega, pero ahora es ella, la Susi humana, quien hace la entrega, y la hace con esta condición.

Esto es mejor de lo que podíamos esperar. **¡Tenemos su permiso para actuar!**

Hasta aquí han hecho un buen trabajo los ingenieros planetarios, ahora nos ponemos a trabajar los ingenieros cósmicos.

Como me interesa que Danae tenga el control del vehículo, estamos preparando unas fundas compatibles.

Primero tenemos que quitar algunas protecciones y luego poner fundas que protejan a los vehículos inferiores, antes de poner las más elevadas.

Sería como poner capas de pintura nuevas, para pintar, primero rascamos la pintura vieja y luego ya pondremos la nueva.

Uyuyuy… ¡Cuanta tarea!!!… ¡que bien!…. ya me estaba aburriendo de tanto paseo sutil… y solo mirar y no tocar…. Jajajajaja…

Empieza la tarea de mis ayudantes cósmicos:

En la habitación de Susi, hemos montado una sala especial para hacer las modificaciones pertinentes.
De momento, ella no se entera de nada.
Se ha ido a dormir, tan ricamente.

Sacamos el primer "aparato".
De momento usamos material de cuarta dimensión, para comenzar las modificaciones en sus vehículos de esa dimensión. Así que, es tecnología avanzada, pero tecnología al fin y al cabo. Los que participan en este trabajo son seres especialistas de la nave Estrella. Mis colegas.

¡Hola coleguillas!!… ¿estáis preparados?

Este aparato nos permite abrir su chakra frontal. Su tercer ojo. Así será más fácil la conexión visual para cuando nos metamos dentro de la fundita Susi.

Mi objetivo final es.. ver a través de sus ojos, oír a través de sus oídos, sentir las sensaciones que ella siente… etc., poder manejar todo esto y también sus pensamientos. De esta manera también puedo hablar con la gente, hacerme entender.

Veamos como acepta la primera operación…

Mis colegas le están poniendo una peli en la mente.

Ve un ciempiés.
De colorines.
Se parece a un dibujo de Walt Disney.

Veo que sonríe. Le esta gustando la imagen.

El ciempiés une la cabeza a la cola y empieza a girar.
Aquí es cuando aprovechan mis colegas para empezar el proceso en su chakra frontal.

Ella esta sintiendo la presión en su frente.

Miro a los colegas con inquietud... estoy pensando que a lo mejor Susi va a tener miedo y a poner resistencia.

Ellos están tranquilos. Siguen agujereando la zona, con suavidad, pero con firmeza.

La veo inquieta. Se ha dado cuenta... Uy... ¡Qué momento más emocionante!!!
¿Qué va a hacer?

¡A ver si se levanta y nos manda a todos a paseo!!

Me meto en su mente a ver que piensa...

.- Uy, ¿qué es esto?... ¿Qué pasa?... Siento una presión en medio de la frente... ¿Qué es eso?...
Parece que me quieren agujerear en la frente.

Esta inquieta, sorprendida.
Extrañada de lo que esta sucediendo.

Se gira hacia el lado derecho.

Los colegas, mueven la maquina y la colocan para agujerear el frontal desde ese lado.

.- Parece que sí, como si fuera una maquina y se hubiera movido para agujerearme.

Se da la vuelta para el otro lado.

Los colegas con su santa paciencia y una gran sonrisa, ponen otra vez la maquina de acuerdo a las circunstancias.

.- *Pues parece que si. Que algo esta pasando en mi frente.*

Voy a tener que empezar a introducir pensamientos... a ver que le digo... ¡ah si!!...

Introduzco estos pensamientos en su mente y los vive como propios.
De esta manera empiezo a practicar este tema.

.- *Lo que te están haciendo no es doloroso, es bueno para ti, porque están abriendo tu chakra frontal. Tranquilízate. Deja que ocurra. Solo sientes una presión y esto es muy bueno para ti.*

Muy bien, se ha calmado, se ha puesto boca arriba, se ha relajado y se deja hacer.

¡Bufff!!!... ¡Que descanso!!!...

Ahora he comprobado que mis mensajes telepáticos le están llegando.
¡No sabes cuánto me alegro!!!!

Y creo que se ha tranquilizado, y les va a dejar a mis colegas trabajar en paz.

CAPITULO 14

"ENCUENTRO CON TAARON"

Y Taaron,… ¿Dónde está?

La ultima vez que le recuerdo con claridad, fue antes de la Cuarentena, cuando éramos Ebanne y Van,… allá nos despedimos con mucha pena… y entramos en el circuito de las encarnaciones.

Seguramente que nos habremos encontrado en cuerpos humanos.
Tendría que pensarlo… pero creo que nos mandaron a circunstancias distintas.

¿Qué estará haciendo?

Mira… llega un mensaje de "arriba"…. ¿Que dice…?

"Del pasado al presente renacerá ante ti como una flor".

¿Será Taaron?????

Ojala… me vendría muy bien su astucia para esta misión.

Estos días en la sede de MASE han venido unos chicos de Vic, y les han hecho fotos.
Uno de ellos tiene muy buenas vibraciones... como estoy practicando la psicometría pongo la mano encima de la foto a ver que siento.

Con uno de ellos la mano se me dispara... como si tuviera mucha energía.
He pedido que me lo presenten.

Hoy me han llamado al trabajo y me han dicho que el de Vic esta aquí,... así que voy corriendo a conocerle.

Nos sentamos uno frente al otro... nos dejan solos.

Le reconozco... es Taaron...

.- *Hooooolaaaaaa!!!!!... ¿Como estas?*

Espera,... que mi cuerpo de Susi esta moviendo las manos porque Danae le esta arreglando el aura al chico y mi niña, anda un poco desconcertada.

.- *Te veo muy bien...*

.- *¿Dónde estabas?*

.- *He hecho unas cuantas encarnaciones humanas, con mucho esfuerzo y sacrificio.*
Ha quedado marcado en los Registros Akáshicos que soy un rebelde y me las están haciendo pasar canutas...

.- *Pero si tú estabas a favor de seguir las reglas del Creador... ¿qué ha pasado?*

.- *Pues que aquí hay que seguir las ordenes del Príncipe Planetario y ya sabes lo que paso... así que...*

.- *Bueno... ¿y ahora que haces?*

.- *Pues tengo el cuerpo que estas viendo y vivo en Vic. He estudiado un curso de enfermería, he hecho la mili y estoy muy interesado en Decretar...*

.- *¿Decretar?... ¿Qué es eso?*

.- *Hay un grupo de gente que recita unas frases muy poderosas que llaman Decretos. Tienen un canal que conecta con los Maestros Ascendidos.*

.- *¿Maestros Ascendidos?... ¿quiénes son?*

.- *Son personas que han evolucionado tanto que ya pueden salir del planeta... Aunque algunos se quedan para ayudar a los demás.*

.- *¿Y ellos si pueden salir del planeta...????*

Taaron se encoje de hombros...

.- *No se que decirte.*

.- *Oye... te presento a mi cuerpo de Danae, un vehiculo siriano y a mi cuerpo Ardaimba, que es un vehiculo solar. ¿Como son tus cuerpos?... ¿cómo se llaman?*

.- *Pues... es que no les he puesto nombre... cuerpo siriano y cuerpo solar... sencillamente.*
Jajajajaja...Oye Teje-Ma....

.- *Dime Taaron...*

.- *Ahora que nos hemos encontrado no vamos a separarnos... ¿verdad?*
Ya sabes que a mi me gusta mucho estar contigo siempre... hacemos muy bien el trabajo juntos...

.- *Bueno... vamos a ver como nos manejamos a través de los cuerpos físicos... si somos compatibles o nos tiramos los platos a la cabeza... Jajajajaja...*
Lo importante es que ya nos hemos encontrado...

.- *¡Viva...!!!!*

.- *¡Yupiii...!!!*

Nos agarramos de las manos y saltamos y bailamos!!!!!!

CAPITULO 15

"LAS LEYES DEL UNIVERSO"

Ahora vamos a la parte más mecánica que es ir sacando las protecciones.

Seria como descorchar botellas de cava... jajajaja...

Dentro esta el preciado liquido.... O sea los vehículos que necesitaremos para las conexiones.

Porque el Creador me ha pedido que cumpla esta misión... La de ser sus ojos, sus oídos etc. ¿Recuerdas?

Y no es que El no lo pueda ver u oír... pero si lo ve desde un cuerpo humano, lo puede entender de otra manera.... Como si lo estuviera viviendo... así siente lo que sienten los humanos...y observa sus pensamientos.

Y puede analizar su nivel evolutivo.

Bueno... yo solo tengo que cumplir mi misión y no liarme en la de los demás... así que... ¡A la tarea!!...

Llegamos a Fin de Año de 1987.... Parece que nos vamos de fiesta...

Una discoteca... bien... marcha... ¡Yupiiii !!

Estoy bailando y moviendo mi cuerpecito al ritmo de la música... mis otros vehículos, Danae y Ardaimba también se lo pasan muy bien.

Susi esta con las uvas y baila con una amiga.... La veo un poco distraída.
¿Qué le pasa?

A ver... uyuyuy... intuye que esta pasando algo.... ¡Biennnn!!!
Veamos que intuye....

.- *Una entidad me está siguiendo... ¿quién será?.. ¿Qué quiere?*

La fiesta sigue... pero una vez en casa... la veo seria... ¿mmm?

¿A ver qué hace? Se sienta en la cama... Y está mirando a Danae... que lo tiene enfrente... ¿Lo estará viendo?... Creo que lo intuye.

Habla y dice algo... vamos a ver....

.- *Yo se que me estas siguiendo... no se porque... pero siento que nos tenemos que fusionar. No se lo que pasara si lo hacemos. Pero siento que hay que hacerlo.*
Estos días he oído hablar de las Leyes del Universo.

Así que...
"En cumplimiento de las Leyes del Universo, que tu y yo seamos uno".

¡Mejor imposible!!

Ella misma ha dado la orden... lo ha dispuesto...
¡¡Biennn!!
Venga Danae... **fusiónate**... es el momento...

Así que Danae muy suavemente se introduce en los vehículos etéricos de Susi, fusionándose con ella.

Muy bien... Ahora las entidades de Sirio podrán ser canalizadas a través de Susi.
Ya tenemos esta baza...
Ya podemos manifestarnos a través de Susi.
Podremos hablar con la gente... verlas con sus ojos... esto va a ser muy interesante.

Podremos estar en varios planos a la vez.

Otro día:

J.E. llama por teléfono...

.- *Te quieren ver, te esperan en la sala de meditación.*

.- *Ya voy.*

Esto suena a serio. ¿Verdad?
Va a ser otro día "especial"...
Ven conmigo... vamos a ver que pasa en la sala de comunicación.

Susi se sienta en la sala de meditación...

De pronto se abre una puerta en otra dimensión, ella lo ve... ¡lo del ciempiés funciona!!!

Ya ve cosas que ocurren en otras dimensiones y se ha dado cuenta que en la sala, hay otra sala en otra dimensión.... Que interesante... ¿verdad? Jejejejeje...

Pues como te decía, se abre la puerta y entran una serie de entidades que parecen salidos de una nave.
En la sala sutil hay una mesa... los seres se sientan a cada lado de la mesa, silenciosos, hay unos 8, cuatro a cada lado.
Después entra una entidad que parece un profeta antiguo o algo así... o también podríamos confundirlo con San José el padre de Jesús... bueno... un personaje
con estas características...

Susi mira al profeta y escucha...

.- *Te estábamos esperando.*

Se queda sorprendida. Piensa... *¿A mí me esperaban?*

Inmediatamente sale Danae. Susi lo ve salir de su cuerpo y mira hacia arriba viendo su espalda y demás elementos.
Ve como Danae camina por la habitación... el profeta le esta hablando.
Danae va hacia un mapa que hay y lo mira con detenimiento.
Parece que el profeta tiene prisa por algo... pero Danae le dice que tenga paciencia.

Susi sorprendida piensa.... *Así que... ¿soy un hombre?*

Danae dice... *tengo prisa... ya hablaremos... mi cuerpo tiene que irse.*

Ahora veré como se coloca mi cuerpo dentro de mi otro cuerpo…. A ver… a ver…
(Piensa Susi)

Danae va hacia Susi y se sienta como está sentado el cuerpo… y se encaja con el, luego entra un hombro… clac… y después el otro… clac… ¡Encajado!..

Qué bien… ¡Podemos salir y entrar a conveniencia!

Ahora falto yo… el Elohim.

A ver… como hago para que me conozca…

CAPITULO 16

"SOY UN ELOHIM"

A ver como me lo monto para que sepa de mi existencia...
a ver... a ver...

La profe...
.- Hay una exposición de cuadros de Démeter... una pintora muy especial a la que le han pasado una serie de acontecimientos.

.- Vamos a verla...

Susi se va a la exposición con una amiga y su hijo.

Hay unos cuadros interesantes, pero al llegar a estos...

.- Este soy yo... Mira, mira...

Susi recibe este mensaje en su mente...

.- *Este soy yo… soy yo….*

No entiende nada… jajajaja…

.- *¿Como que soy este….?*

Ya se me pone nerviosa… jajajajaja…

Le pregunta a Démeter…

.- *¿Estos quiénes son?..*

.- *Son elohims…*

Ya la tengo entre sorprendida e intrigada…

.- *¿Soy un Elohim?*

Jajajajaja…

Si sisisisisi………… ¡Eres un Elohim!!!!!

¡Ya me has descubierto mi niña!
Ahora necesitamos información de qué es un Elohim…
Que si son seres creadores… que ingenieros cósmicos…
todo eso…

Cada vez esta un poco más informada.

Ya falta menos.
Vamos a pintar a mama y a papa… Mis padres… y lo voy a
hacer a través de Susi.

Te los pongo aquí, para que los conozcas…

 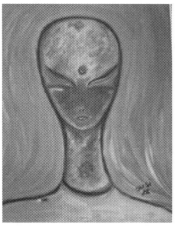

Esta es mi mama y al lado mi papa.
¡A que son chulis!!!

Así no me añorare tanto de mi familia…. Los mirare y
suspirare por mis esferas… jajajaja

CAPITULO 17

"CONFECCIÓN DE VEHÍCULOS"

Y tu te preguntaras... como se confeccionan estos vehículos... como los que yo tengo... los solares... los sirianos... los elohímicos... y muchos mas que existen y que no he nombrado para no liarte...
Pues te lo cuento.

Todos somos una chispa divina.... Es decir... (para tu mente)... somos una parte de Dios. De su Luz, de su energía, de su poder, de su amor.

Cuando naces por primera vez en un sitio... tu chispa se recubre del vehiculo correspondiente a ese sitio.

Por ejemplo... yo soy un Elohim... este es mi primer cuerpo... pues la chispa divina, se recubre de este cuerpo...
He nacido por primera vez en las esferas del Universo Central de Havona... y tengo dos papas elohims , que ya te he presentado...
Pues ese SOY YO.

Como vehiculo es solo una funda para la chispa. Para que sea algo relevante, tiene que estar lleno de experiencias, enriquecerse con ellas, evolucionar.

Por eso nosotros, los elohims, seres que tienen como objetivo crear universos, y todo lo que hay en ellos, nos preparamos a tal fin.

En las esferas nos explican cosas…. Las que vamos a necesitar para crear.
Pero luego, como buenos aprendices vamos a universos ya creados para aprender en ellos.

En estos universos, y como te conté al principio, nos llevan a un lugar central y allá nos asignan las tareas pertinentes para experimentar.

Como yo estoy en tu mismo universo aprendiendo como es esta creación, me han mandado a distintos lugares de el.

Aquí he estado en Sirio, una estrella que ves muy bonita desde tu cielo.

Para poder estar en Sirio, y entenderme con la gente de allí, he tenido que confeccionarme un vehiculo de Sirio.

Al que ya conoces, que se llama Danae.

Entonces he tenido que experimentar en el Sistema Iniciático de Sirio.
En este lugar hay 33 iniciaciones. ¿A que ese numero te suena y no sabes de qué? jajajajaja…

Como Sirio rige **28 Grandes Sistemas**… hay que pasar las 28 iniciaciones correspondientes a cada uno de ellos.

Y luego hay 5 iniciaciones que se pasan en el mismo Sirio.

Una de estas iniciaciones es pasar por el **Sistema Solar**.
Y aquí he llegado…
Para las iniciaciones del sistema solar me he confeccionado este vehiculo femenino que se llama Ardaimba.

A el van todas las experiencias que recoja en este sistema.

Por ejemplo: Si encarno en Júpiter… experiencias a Ardaimba… en Venus…experiencias a Ardaimba… etc.… todo lo que aprendo va llenando de energía mi vehiculo solar.

Y aquí en la Tierra también tengo un vehiculo superior. A este vehiculo van todas las experiencias que pase aquí y este lo manda al vehiculo solar.

Aquí en la Tierra a estos vehículos les llamáis…Presencias… Yo Soy… Vehículo Superior etc.

Creo que eso ya te lo había contado…. pero bueno… un repaso nunca va mal.

En la Tierra hay cinco iniciaciones… las tres primeras para los vehículos básicos… o sea una para el físico, otra para el emocional y otra para el mental….

Luego hay una donde se ve lo que uno ha aprendido… es como un examen…

Y finalmente una Iniciación llamada **SÍNTESIS**…

Aquí ya es la traca final… se ve lo que has hecho… lo que te falto… lo que hiciste adecuada o inadecuadamente… etc.

Y después de esto ya te puedes ir del planeta…

Si no te quieres ir y te quedas a ayudar… puedes ser un Maestro, o sea "uno que enseña como se hace esto".

Entras en una etapa de servicio…

Si te vas puedes optar por lo que se llama **ASCENSION**.

Es decir, el último cuerpo con el que viviste puede vibrar con tanta fuerza, que puede ser el que te lleves hacia otros planos.

La Ascensión se produce automáticamente cuando has alcanzado un nivel evolutivo.

O sea, que pasaste tus exámenes y aprobaste. Ya te puedes ir de esta escuela.

¡Biennnn…!!! …. ¡Bravo…!!!

Cambias de lugar… y vuelves a empezar allá… jejejeje… ¿Qué te creías? Pues no… todo sigue… Nunca para…

Es superdivertido… a mi me encanta ir conociendo nuevos lugares.

Lo único que en cada sitio donde dejaste cuentas pendientes… no lo puedes dejar así… por lo tanto las vas arrastrando.
Y en el siguiente lugar, donde ya eres un ser mas maduro y experimentado, las tienes que resolver,… a esto los humanos le llaman el **KARMA**.

Nosotros somos seres **DESCENDENTES**, es decir, venimos de estados superiores de conciencia y descendemos para aprender y ayudar.

Los que parten del planeta Tierra y este es su primer vehiculo, se llaman seres **ASCENDENTES**. Tiene su lógica... los humanos efectúan sus iniciaciones para llegar donde estamos nosotros.

Todos somos seres creadores y aprendemos como se confeccionan las cosas.
Para eso tenemos el cuerpo adecuado, las emociones y la mente curiosa y muy creativa, con ganas de experimentar.

Así que los humanos evolucionan para ser creadores... y los creadores experimentamos como es una creación.

Cuando los humanos sean elohims, y lleguen a las **esferas**, ya tendrán la experiencia... Qué suerte ¿verdad?

Como no te conozco a ti, que estas leyendo este libro, porque me imagino que muchos lo leerán, no se si eres un ser ascendente o descendente.... Pero...

El hecho de que lo tengas en tus manos, ya hace que tengas un tanto por ciento muy alto de ser una entidad descendente.

Ya no te doy el detalle de si fuiste creado en Sirio, en las Pléyades o en Alfa Centauro, incluso puede ser que seas un Ser Solar...

He visto en algunos libros las llamadas (convocatorias) a los "ángeles solares"…
a lo mejor te identificas con ellos…

También he visto que hay libros para Pleyadianos, Sirianos,… de Orión,…

CAPITULO 18

"SUPERPOBLACIÓN"

Además tenemos que tener en cuenta que el aumento de la población en este planeta se debe a lo siguiente...

Como este es un planeta escuela y por lo que veo ya se esta terminando la cuarentena... Han entrado seres de muchos planetas.

Por ejemplo,... en la zona de Orión, se han destruido planetas por la ambición o por causas naturales... Los que ya podían pasar a dimensiones superiores lo han hecho, pero... y los que... no hay nada que hacer con ellos... que son de armas tomar... ¿eh?

Pues han venido a la Tierra.... ¿Qué te parece?

Cuando llegan de estos lugares seres que no han podido avanzar en su lugar de origen... vienen con seres que si lo han hecho ,, pero han decidido ayudar a sus congéneres..
O sea ayudantes, que también toman cuerpo como ellos, pero con diferente objetivo.

Algunos se quedan en otra dimensión como guías, son **seres de servicio**.

También traen sus ángeles y sus demonios...

O sea que viene todo un enorme equipo de entidades. Unos encarnan en un cuerpo físico y otros se quedan cuidándoles en otra dimensión.

Y hace unos 50 años que la Tierra empezó el paso a cuarta dimensión,... entramos en el mundo de las emociones... en el plano astral...
Y ahora llegan todos los que no pasaron de cuarta a quinta para ver si aquí lo pueden hacer.... Con sus ayudantes y ángeles correspondientes.

Total... que aquí tenemos seres de muuuuchos lugares.... De todos aquellos donde la gente no ha podido pasar a la siguiente dimensión. Y las Jerarquías han pensado en mandarlos para acá...

Como en la Tierra el objetivo es llegar a la quinta dimensión... o sea... a planos mentales... la gente tiene la mente escurriéndose para comprender.... Jajajajajaja...

Así es el tema de las dimensiones, de los vehículos y de la cantidad de gente que puebla actualmente este planeta.

Ahhhh... si... claro... Ya vas entendiendo algo más... ¿verdad?
Seguro que te hacías algunas preguntas de estas y a lo mejor nadie te las sabía contestar....
Claro es que si estas en mi dimensión, ves las cosas distintas y además cosas que el humano normal, no puede ver, saber o entender...

CAPITULO 19

"VAMOS A ORGANIZARLO"

Vale ya estamos preparando **"el PLAN"**.

Vamos a ver varios frentes.

El que me importa mas es mi vehiculo base de esta encarnación, o sea, Susi.

Sin él nadie me ve, ni me oye y por lo tanto no puedo hacer nada.

Así que primero vamos a dividir su vida en dos partes, antes y después de su "DESPERTAR". Que tal y como os conté fue en el año 1987.

Cuando una persona toma conciencia de su Ser… a eso le llaman **DESPERTAR** y… podemos decir que a partir de ese momento nada en su vida va a ser igual.
¿Te suena? jajajajaja

Antes del 87 vamos a hacer que todo lo que le quedo pendiente de este planeta y si puede ser, de los otros por donde haya pasado, que se **solvente**… o sea que libere su karma. ¿Te acuerdas de lo que es el Karma?… Bueno, pues eso… los temas pendientes hay que arreglarlos…

Que para la palabra Karma también hay muchos conceptos y teorías, pero aquí lo uso como "temas pendientes", "lecciones que quedaron por aprender"… ¿el motivo?…
Pues a lo mejor la persona no estaba preparada y la lección le venía grande… o alguna que otra cosa,…. Seguro que algún motivo tenía… jajajaja…

Voy a hacer que Susi se vaya encontrando gente con la que tiene asuntos por terminar, por ejemplo, amigas, novios, el hermano, los familiares,…
Todos ellos serán unos buenos elementos que me ayuden a organizarlo y a liberar la carga.
Antes de nacer confeccionaremos entre todos el **"PLAN DE VIDA"**, o sea como van a ser las pautas a seguir en esta encarnación.
Esto se hace siempre antes de nacer.
Se reúne el Consejo kármico y te evalúa, te muestra lo que hiciste bien en las anteriores, en lo que fallaste y en que forma lo puedes solventar en la siguiente encarnación.

Te muestra a los que van a ser tus padres, familiares, amigos, novios, guías en otra dimensión, y con ellos pactas pautas de comportamiento que te ayudaran a evolucionar, aprendiendo y liberando.

Tus ángeles son los que tienen el esquema de cómo van a ir tus cosas.
Ellos organizan los escenarios, las situaciones en que vas a aprender las lecciones, y van viendo tu reacción al respecto,… si pasas esa lección, vas subiendo de nivel…
¡Qué biennn!

Pues, antes del 87 a liberar y aprender lecciones del pasado. A partir del 87...

Primero preparar los cuerpos... para que yo me pueda comunicar...

A eso le llaman **"MANIFESTACIÓN DE LA PRESENCIA"**... anda... que solemne... jajajaja

Pues si... **YO SOY LA PRESENCIA** y me tengo que manifestar....

Bueno,.... Eso quiere decir que voy a usar el vehiculo para charlar con los demás humanos... pero que lo voy a hacer a través de Susi.

Pues... operaciones... preparación... cuestiones mecánicas de "quitar y poner" y demás tarea.
Eso me va a llevar... unos 10 años... aproximadamente.
Los primeros meses... mucha tarea... luego ya retoques y ajustes.

También, que este organismo base este centrado... no quiero que se me trastorne, por eso todo tiene que ir muy medido y ajustándose suavemente, de forma que sea aguantable.

En segundo lugar Taaron...
¡Mi gran amigo!...
Vamos a ser pareja... conviviremos y me ayudara en este proceso.
Tiene mucha **fe** y **comprensión** y me animara ante mis dudas.
¡Que bien que haya venido!

En su cuerpo físico tiene 12 años menos que yo, pero supongo que eso no será ningún problema.

Mas cosas…
Vamos a ir buscando a la gente que vino conmigo…
En esto mis ángeles (tengo un grupo para cada dimensión….. bueniiiisimos guías) tendrán que ayudarme y buscar donde están.

Y en la medida en que nos vayamos encontrando…

Habrá mucha **afinidad**… si nos lo hemos pasado bien juntos.

O también **rechazo**, depende si en una vida anterior nos hemos torturado, o asesinado… o cosas así… Nada divertidas… jajajaja….
Si sentimos rechazo, pero tenemos que hacer cosas juntos,…. El rechazo no servirá de nada…. Estaremos juntos aunque nos pese… Jajajajaja… Así les va a algunas parejas que vienen a hacer una misión juntos… pero no se soportan… En fin…

¿En qué manera nos encontraremos?.. ¿que excusa habrá para hacerlo…?

Vale, pues… en 1990 vendrá una entidad de Sirio, que canalizara Susi y vamos a intentar que nos acompañe cuanto más tiempo mejor.
Esta entidad impartirá enseñanzas.
Buscaremos un experto y sus instrucciones serán muy valiosas.
Viajare con El por todo el planeta, donde estén los colegas, para poder encontrarlos.
Otro tema… ahora que hablamos de la entidad de Sirio.

Tengo que reunirme con Seres de Alta Frecuencia para que sean canalizados por Susi y así estas entidades podrán charlar con los humanos, darles enseñanzas, explicarles acontecimientos, etc.

Creo que ambos lados están deseando relacionarse. Ya que la cuarentena aun impide el hacerlo de una forma mas directa. Bueno.. para esto estoy yo aquí, esta es mi tarea, que se puedan reunir y charlar entre ellos... los de "arriba" con los de "abajo"...
Y yo en medio....... Jajajajaja.....como siempre... por eso me pusieron "Tejemaneje"...
Por que me meto en todas partes...
Soy un atrevido......jajajaja

Eso también lo voy a hacer con los ángeles.

Hay personas que son ángeles encarnados en la Tierra para ayudar. Estos también necesitan ayuda y consuelo para ellos mismos, porque seguro que ya están agotados... jajajaja...

Otros necesitan consejo espiritual... así que...
A relacionarme con los ángeles de las personas...

Uyy... creo que esto me va a gustar mucho... los ángeles son seres maravillosos... sobre todo esos pequeños, los querubines... que graciosos que son...
Y esos grandes... sabios... ¡cuánta enseñanza!!
Y que buenos consejos.

Y más cosas que tengo que hacer...
A ver...
Ah si ¡!!!

Cuando encuentre al personal, tendremos que hacer tareas…

Por ejemplo irradiar lugares… Llevar la Luz a los lugares que la Jerarquía Planetaria designe.

Recordemos que al entrar aquí, estamos bajo su potestad.

Ellos gobiernan la parte sutil de este planeta y nos dicen que es lo que necesitan y en que podemos ayudar nosotros con nuestras energías.

Los seres descendentes somos como agujas de acupuntura. Tenemos los pies clavados en el suelo, pero la antena puesta en el cielo,… Jajajaja…

Eso quiere decir que traemos energías elevadas del centro de este universo, a la Tierra, esta es una de nuestras contribuciones.

Tenemos que trabajar con el planeta y con los seres que lo habitan.

Ayudamos a su evolución. Sobre todo a que sea más rápida.

Entre todos intentamos formar la "**MASA CRÍTICA**", que quiere decir…

Que se necesita una cantidad de energía determinada para dar un salto al siguiente nivel evolutivo.

Es como ir llenando un vaso, pero cuando ya esta lleno, se desborda.

La cantidad que cabe en el vaso cuando esta lleno, es la masa critica….

Es decir, con una determinada cantidad se llena el vaso y ya esta… ya lo tienes lleno. Jajajajajaja…

CAPITULO 20

"LA RECTA FINAL"

Ya esta la etapa anterior cubierta y llegamos al 2012.

Ya he hecho todo lo anterior.

Me case con Taaron, forme grupos de gente, hice sesiones y cursos con la entidad de Sirio. Grabe cintas con sus enseñanzas, hice libros con ellas.

Hice sesiones de sanación, de consulta con los ángeles de la gente.
Un libro de ángeles dictado por ellos.

Visitamos muchos lugares, tanto Taaron y yo solitos, para hacer estos cursos y sesiones, como con el grupo para cumplir tareas…
Anda que no hemos viajado… Bufffff…

Cumplimos todas las misiones que nos encomendó la Jerarquía Planetaria…

¿Que toca ahora?…. bueno… esta… casi casi… todo hecho… pero…
No hemos llegado a todos… imposible…

Pero…

Ahora tenemos sistemas más modernos…

Que si pagina web, que si teléfono móvil, que si skype,… que si Facebook, Messenger,… en fin… formas de conocer y llegar a la gente no faltan…

En eso estamos… muuu modernos…

Así que…

Con las entidades de Luz también esta todo hecho, ya conecte y ya pasaron a través del canal. Ya han ido diciendo lo que querían decir. Y el canal ha sido impecable.

(Que eso es muy importante).

¿Y cual es mi objetivo al escribir este libro?… pues… que tu te aclares… que entiendas porque estas aquí y porque te suceden estas cosas… si lo consigo… biennnn… sino… pues pregúntame a través de estos medios modernos, aquí me tienes para ayudarte… alguna idea te podré dar.

Seguro que si me buscas por Susi Calvo o por Plan Maestro, me vas a encontrar, para eso está el Google… ¿no?

Y sino, recuerda, que todos los que vinimos juntos, al final, nos iremos juntos y nos reiremos un montón de todas las anécdotas que estamos pasando…

¿Cómo nos iremos?

Algunos dejaran el cuerpo y se irán a otros planetas, otros ascenderán, otros nos reuniremos para ayudar desde este o desde otros planos. ¡Qué más da!.

Tarea queda mucha, lo importante es el trabajo en equipo.

¿No te parece?

Aquí en este planeta no se quedara nadie porque el propio planeta que vamos a imaginarlo como un Ser, como una entidad, también evoluciona, cambia de dimensión,... que ya le toca... ¡caramba!!!

Pero ya han preparado planetas adecuados para habitarlos...

Como por ejemplo: **"LA CÚPULA DE VENUS".**

Este es un planeta con características parecidas a la Tierra.
Los habitantes tendrán sus propias casas.
Les llevaremos con naves y una vez allá les proporcionaremos toda clase de ayuda.

En un principio será el regreso a vivir en un pueblo, pero muy sano y saludable...

Y sobre todo, la gente serán amigos...

¿Sabes que en la cuarta dimensión, el plano mas denso esta en el egoísmo y la envidia?
Los planos más densos actuales, están en el asesinato y cosas así.

En la cuarta dimensión, que es el mundo emocional, las emociones lindas serán lo normal y las otras como egoísmo, duda, preocupación, será lo más denso.
Ya no nos interesaran estas cosas.

Tengo más información, pero no te quiero agobiar...
A ver si hago otro libro y te lo cuento...

Solo te pido que seas feliz. Que te mantengas con una frecuencia vibratoria elevada y aprendas todas las lecciones que tus ángeles te están ofreciendo.

Sonríe…. ¡Que ya falta poco para que nos vayamos ¡!!!

¡TE QUIERO…..!!!!!

(Este libro lo ha escrito Tejemaneje, con la colaboración de Susi Calvo).

20-12-2011
Ávila, España.

Uy!!! Ya me voy… ya te dejo… porque noto algo raro… como si una entidad superior a mí me estuviera manejando… ¿Qué es eso? ¿Cómo puede ser posible?
¿Quien hay en la Tierra superior a mí?
Te dejo, para averiguar quien es…
Espero que nos veamos pronto… y entonces te lo cuento…
¡Qué misterio!

NOTAS DEL AUTOR

Me alegro mucho de tener una oportunidad de expresarme.

Este es un "cuaderno de prácticas planetarias", espero que haya quedado claro desde el principio.

Voy a llevarme todas estas impresiones al origen de donde vengo.
Me lo estoy pasando genial en este planeta.

Como me ha gustado tanto, voy a seguir escribiendo… jejejejeje..

Voy a hacer más libros, toda una colección… ¿quieres leerlos?…

Pues sígueme….

Teje-Ma.